APOKALYPSIS

O MISTÉRIO QUE ESTAVA OCULTO

"Então entenderão claramente..."

Parte 1 – Estudo sobre os Quatro Cavaleiros
Parte 2 – Compreendendo o Fim dos Tempos

Por Anne T. Garcia

Originalmente publicado nos Estados Unidos da América, sob o título From the Hidden, por Waymaker Publishers, P.O. Box 1481, Fenton, MO 63026.

Tradução: Idiomas & Cia, por Maria Lucia Godde Cortez
Revisão de tradução: Idiomas & Cia, por Glaucia Victer
Revisão de provas: Equipe da Editora Luz às Nações
Diagramação: Eduardo Rodrigues
Capas: Heston Delgado
Consultoria editorial: Idiomas & Cia.

Exceto indicação em contrário, todas as citações bíblicas foram extraídas da versão Almeida Revista e Atualizada (ARA). Em alguns casos, optamos por uma tradução livre da versão King James no idioma inglês a fim de manter a idéia original do autor. A Versão King James é uma das versões mais antigas e respeitadas em todo o mundo e a mais usada nos Estados Unidos.

Publicado no Brasil com a devida autorização e com todos os direitos reservados pela

Editora Luz às Nações Ltda.
Rua Rancharia, 62 -- parte --
Itanhangá Rio de Janeiro, Brasil
CEP: 22753-070
Tel: (21) 2490-2551

em novembro/2008.

G198a

Garcia, Anne T., 1942-
   Apokalypsis : o mistério que estava oculto / por Anne T. Garcia ; tradução Idioma & Cia. - Rio de Janeiro : Luz às Nações, 2008.

   Tradução de: From the hidden
   Conteúdo: Parte 1. Estudo sobre os Quatro Cavaleiros - Parte 2. Compreendendo o fim dos tempos
   ISBN 978-85-

   1. Bíblia. N. T. Apocalipse. 2. Literatura apocalíptica. I. Título.

08-5047.   CDD: 228
                      CDU: 27.175.2

13.11.07   14.11.07   009750

Dedicatória

Em Memória de
Dois Heróis da Fé

Pastor Woody Shelton
e
Pastor Ron Cullen

Homens dos Quais o Mundo
Não era Digno.

Este livro é dedicado,
com grande amor
e profunda afeição,
a suas esposas.

Esther Shelton
e
Phyllis Cullen

em tudo dai graças

Agradeço sinceramente às seguintes pessoas que, de alguma forma, auxiliaram na produção de meu livro *Apokalypsis - O Mistério que Estava Oculto.*

Primeiramente, agradeço aos meus melhores amigos de hoje e de sempre. Eu os amo profundamente e os admiro muito – meu marido, meus filhos, meu genro e minha nora, Mike e Kristi, Tony e Andria, Joey e Jamie. Envio bênçãos e minha gratidão a Carolyn Reinneck e ao grupo de oração das segundas-feiras de manhã, a Bonnie Wallace e ao grupo de oração das terças-feiras de manhã, que inventou a expressão "um exemplar em cada mesa de café".

Gostaria de estender meus sinceros agradecimentos ao Pastor Willie Moore, a Evelyn Kinsella, ao Pastor Jack Harris e à Dra. Debra Peppers por toda ajuda ao longo do caminho. Também agradeço à pesquisadora Alice Akley, à revisora Gwen Reeser, ao digitador e tradutor Juan Eskadon e à parceira de oração Dorothy Schwarz por toda a sua colaboração. Desejo prestar meus agradecimentos especiais a Dave e Joyce Meyer, que me encorajaram quando mais precisei.

Meu marido une-se a mim em agradecimento aos missionários e pastores que foram voluntários em levar *Apokalypsis - O Mistério que Estava Oculto* às nações. Eles incluem Jeremiah e Tara Jacobs, Mark e Joanie Akers, Dan Salas, Steve Smith, e Alex e Bonnie Wallace. Que todas as bênçãos que procederem deste livro possam ser creditadas a eles.

Palavras jamais poderiam expressar minha gratidão a meus editores, Keith e Donna Cherry. Suas habilidades em marketing, pesquisa, aconselhamento técnico, e suas contribuições em toda a parte artística, possibilitaram a publicação deste livro. Escatologicamente falando, Donna é realmente minha parceira.

Quando estamos discutindo o fim dos tempos, cada uma de nós é capaz de terminar a frase da outra.

Gostaria de dedicar uma palavra especial de admiração ao meu esposo Cas. Você me permitiu seguir adiante, cobrindo-me em oração o tempo todo. Quando você acorda no meio da noite para orar por mim e por nossos filhos, eu o vejo. E o que é mais importante, Deus o vê. Você é meu intercessor "extraordinário". Eu o amo. Sempre concordamos nisto: se houver algum elogio (ou crítica) a esta obra, alguma alma salva, alguma vida transformada... se ganharmos algum louvor, que ele seja depositado ao pé da cruz de nosso Senhor Jesus Cristo.

Anne T. Garcia
Verão de 2005

ÍNDICE

pREFÁCIO

Em 95 A.D., banido para a ilha de Patmos porque não estava destinado a morrer, João, o apóstolo amado, teve uma visão panorâmica das coisas que estavam por vir. As revelações de Jesus a João são chamadas, em grego, "apo" (**de**) "kalypsis" (**o oculto**). Assim, referimo-nos ao último livro da Bíblia como o Apocalipse.

Deus tem muitos mistérios. O *"mistério das gerações, Cristo em vós, a esperança da glória"* (Colossenses 1.27), havia sido revelado através do apóstolo Paulo uma geração antes. O *"mistério da iniqüidade"* (2 Tessalonicenses 2.7) ainda prospera na terra hoje. O *"mistério de Deus"* será concluído durante o período dos sete anos da Tribulação, de acordo com Apocalipse 10.7.

Uma das perguntas mais antigas que os estudantes da Bíblia têm desejado compreender através das eras é esta: Quem são aqueles quatro cavaleiros dos últimos dias? Eles desfilam através da história em Apocalipse capítulo 6. Muitas teorias foram sugeridas com relação a suas identidades. Vamos examiná-las neste livro à luz destas palavras de Jesus, nem sempre consideradas quando se trata dos cavaleiros: *"Também na vossa lei está escrito que o testemunho de duas pessoas é verdadeiro"* (João 8.17).

Assim fazemos a pergunta: Onde, além de no livro de Apocalipse, encontramos os quatro cavaleiros? Deve haver uma segunda testemunha. Será que o segredo da verdadeira identidade deles está oculto em algum lugar na lei dos profetas?

Mesmo depois de descobrirmos a identidade dos quatro cavaleiros, a nossa busca terá apenas começado. Onde é que nós, a Igreja gloriosa, nos encaixamos na equação do fim dos tempos? Deus prometeu realmente retirar a Igreja da terra antes que a Tribulação comece?

O conhecimento da Revelação flui progressivamente através da Era da Igreja. À medida que o tempo se aproxima, vemos os eventos do fim dos tempos mais claramente. A Tribulação é um tempo em que a ira justa de Deus é inteiramente liberada.

> [20] *Não se desviará a ira do senhor, até que Ele execute e cumpra os desígnios do seu coração.* **Nos últimos dias, entendereis isso claramente.**

Jeremias 23.20 (ênfase acrescentada)

Nesta passagem, Jeremias nos entrega uma promessa impressionante: nós entenderemos isso claramente. Em outras palavras, nós, que vivemos nos tempos do fim, teremos a capacidade de entender perfeitamente os eventos que em breve se tornarão públicos.

Deus é o nosso Pai Perfeito. Ele quer que entendamos a Tribulação antes que ela comece, porque Ele quer que escapemos dela. Como veremos neste livro, será um período terrível, mais do que qualquer outro da história humana. Na verdade, o Senhor realmente entra em cena e encurta o tempo da Tribulação. Ele faz isso para salvar a raça humana da extinção (Marcos 13.20).

Não nos aprofundaremos em cada praga, terremoto e julgamento. A finalidade deste livro é dar ao leitor uma visão geral dos tempos em que vivemos.

Em alguns casos, apresentamos explicações altamente especulativas. Isto inclui a nossa interpretação do "666" e da imagem da besta. O leitor é incentivado a aplicar a advertência de Atos 17.11 a tudo o que encontrar neste livro. Isto é, a pesquisar as Escrituras e verificar se as coisas são mesmo assim. Muito em breve, o livro de Apocalipse de sua Bíblia estará bem gasto, sublinhado, marcado com asteriscos e anotado. Isso é bom.

O livro de Apocalipse é o único da Bíblia que começa e termina com a promessa de uma bênção para aquele que o ler. Em Apocalipse 1.3, João é quem nos oferece uma bênção. Em Apocalipse 22.7, é o próprio Senhor quem nos promete que seremos abençoados se lermos o Apocalipse. Ousaremos ignorar as palavras que Ele próprio falou, sabendo que o tempo está próximo?

PARTE I
um estudo sobre os quatro cavaleiros

CAPÍTULO 1
A SEMANA SINGULAR DE DEUS

O universo tem aproximadamente 14 bilhões de anos. Este é um fato acerca do qual os cientistas e os sábios judeus geralmente concordam[1]. Em algum lugar das eras passadas, animais antigos perambulavam, populações urbanas floresciam, e então ocorreu um acontecimento cataclísmico.

Isso está claramente registrado na passagem bíblica abaixo, no versículo 2.

> [1] *No princípio, criou Deus os céus e a terra.*
> [2] *A terra, porém, estava* **sem forma e vazia**; *havia trevas sobre a face do abismo. E o Espírito de Deus pairava por sobre as águas.*
> [3] *Disse Deus: "Haja luz"; e houve luz.*

Gênesis 1.1-3 (ênfase acrescentada)

Observe que, no versículo 2, a escuridão cobria tudo. Deus levou o profeta Jeremias de volta no tempo e mostrou-lhe esta cena lúgubre. Muitos eruditos acreditam que o versículo 2 se refere à destruição de uma civilização pré-adâmica, que resultou da rebelião de Satanás contra Deus. Eis a forma como Jeremias registrou isso:

> [23] *Olhei para a terra, e ei-la* **sem forma e vazia**; *para os céus, e não tinham luz.*
> [24] *Olhei para os montes, e eis que tremiam, e todos os outeiros estremeciam.*
> [25] *Olhei, e eis que não havia homem nenhum, e todas as aves dos céus haviam fugido.*

²⁶ Olhei ainda, e eis que a terra fértil era um deserto, e todas as suas cidades estavam derribadas diante do Senhor, diante do furor da sua ira.
²⁷ Pois assim diz o Senhor: "Toda a terra será assolada; porém não a consumirei de todo.
²⁸ Por isso, a terra pranteará, e os céus acima se enegrecerão; porque falei, resolvi e não me arrependo, nem me retrato.

Jeremias 4.23-28 (ênfase acrescentada)

As trevas persistiram através de éons (*) de eras até o tempo indicado por Deus. E então, quando foi da Sua vontade, Ele deu a ordem em Gênesis 1.3 – *"Haja luz"* – e a Luz do Mundo entrou em cena. Observe que Gênesis 1.14-18 registra que a criação do sol, da lua e das estrelas não ocorreu até o quarto dia. A luz que surgiu no primeiro dia era a Luz do Mundo, o Senhor Jesus Cristo:

¹ No princípio era o Verbo, e o Verbo estava com Deus, e o Verbo era Deus.
² Ele estava no princípio com Deus.
³ Todas as coisas foram feitas por intermédio dele, e, sem Ele, nada do que foi feito se fez.
*⁴ A vida estava nele, e a vida **era a luz dos homens.***
*⁵ **A luz resplandece nas trevas**, e as trevas não prevaleceram contra ela.*

João 1.1-5 (ênfases acrescentadas)

(*) Um éon geológico é a divisão principal da escala de tempo geológico. A Comissão Internacional sobre Estratigrafia da União Internacional de Ciências Geológicas reconhece em seu Quadro Estratigráfico Internacional três éons, que são, do mais antigo para o mais recente, o Arqueano, o Proterozóico e o Fanerozóico. Outras fontes reconhecem ainda um quarto éon anterior ao Arqueano, o Hadeano. O conjunto dos éons anteriores ao Fanerozóico é chamado de Pré-Cambriano (uma denominação obsoleta, contudo). O éon Fanerozóico é composto pelas eras Mesozóica, Paleozóica e Cenozóica. (N.T.)

E assim, há seis mil anos, Deus criou Adão e deu-lhe domínio e um mandato para governar. Conhecemos a história muito bem. Vamos fazer um resumo da história humana de Adão até os nossos dias.

De Adão a Abraão – 2.000 anos – Era da Consciência
De Abraão a Cristo – 2.000 anos – Era da Lei
De Cristo à presente era – 2.000 anos – Era da Graça

A história humana ainda tem uma era a desfrutar, a saber, o Reino Milenar (1.000 anos) de Jesus Cristo, antes que a eternidade comece.

Gosto da forma como Kenneth Copeland define isso: "Para todos os fins práticos, 2.000 anos se passaram desde o nascimento e o ministério de Jesus. Seis mil anos desde a criação de Adão. Você e eu estamos sendo pressionados, no tempo, entre os 6.000 anos que estão atrás de nós e outros 1.000 anos adiante de nós. Os 1.000 anos que estão diante de nós é o Reino Milenar de Jesus de Nazaré"[2]

E isto, caro leitor, é o que chamamos de "A Semana Singular de Deus". Mas você pode considerar uma semana como sendo o espaço de tempo que abrange sete dias, enquanto estou falando aqui de um período que abrange 7.000 anos. Um único versículo das Escrituras pode dissipar rapidamente toda confusão.

> [8] *Há todavia uma coisa, amados, que não deveis esquecer: que para o Senhor, um dia é como mil anos, e mil anos, como um dia.*

> 2 Pedro 3.8

Uma das finalidades da história da criação em sete dias foi prefigurar os 7.000 anos da história humana. Deus está sempre trabalhando rumo à perfeição. Sabemos que, em hebraico, sete é o número da perfeição.

Além do mais, Deus disse a Isaías que a história da criação conta toda a história:

> [9] *Lembrai-vos das coisas passadas da antiguidade:*
> *que Eu Sou Deus, e não há outro, Eu Sou Deus,*
> *e não há outro semelhante a Mim;*
> [10] **que desde o princípio anuncio o que**
> **há de acontecer...**

Isaías 46.9,10 (ênfase acrescentada)

Javé disse algo muito semelhante através do rei Salomão, o homem mais sábio que já viveu:

> [9] **O que foi é o que há de ser;** *e o que se fez,*
> *isso se tornará a fazer; nada há, pois, novo*
> *debaixo do sol.*
> [10] *Há alguma coisa de que se possa dizer: Vê, isto*
> *é novo? Não!* **Já foi nos séculos que foram**
> **antes de nós.**

Eclesiastes 1.9,10 (ênfases acrescentadas)

Deixe-me usar um exemplo para ilustrar este ponto. A primeira guerra judaica, registrada em Gênesis 14, mostra Abrão, o hebreu, guerreando contra os reis da Babilônia (Sinar) e da Pérsia. A batalha judaica final, o Armagedon, mostra Jesus, o Rei dos Judeus, mais uma vez combatendo e derrotando o anticristo, o rei da Babilônia. (Jeremias 25.26; Isaías 14.14).

Este quadro ilustra aquilo a que nos referimos como a **Semana Singular de Deus.**

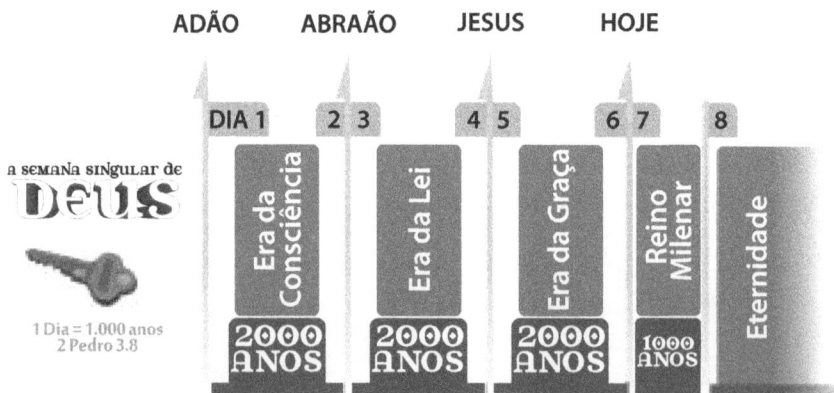

Utilizando este quadro, vemos um total de sete dias, que entendemos, baseados em 2 Pedro 3.8, serem sete mil anos. Adão foi criado no princípio do dia um e, depois da queda, o homem deveria

O Amor Enviou o Dilúvio

descobrir a vontade de Deus usando sua consciência. Assim, temos o primeiro período de dois mil anos que é chamado de "Era da Consciência". Infelizmente, o homem não fez um trabalho muito bom em viver segundo a sua consciência, porque, passados mil e setecentos anos da história humana, Deus, que é amor, enviou o dilúvio.

O amor enviou o dilúvio? Sim, caro leitor, pois eu e você não estaríamos aqui hoje se Deus não tivesse enviado o dilúvio. A humanidade estava se deteriorando no pecado com tamanha rapidez que em breve todos os homens estariam destinados ao inferno. Em Gênesis 11, logo após o dilúvio, vemos Ninrode construindo a torre de Babel, mais uma vez desafiando a Deus. Deus tinha de fazer alguma coisa! E assim, cinco gerações mais tarde, Ele levantou Abraão e deu ao homem um caminho melhor para viver em retidão.

A "Era da Lei" teve início quando Deus fez uma aliança com Abraão em Gênesis 15. No Monte Sinai, a Lei entrou em vigor quando Moisés recebeu os Dez Mandamentos. A "Era da Lei" foi cumprida com o ministério do Senhor Jesus, que nasceu em 3 a.C.

A "Era da Graça" foi apresentada na Última Ceia:

> [26] *Enquanto comiam, tomou Jesus um pão, e abençoando-o, o partiu, e o deu aos discípulos, dizendo: "Tomai, comei; isto é o Meu corpo".*
> [27] *A seguir, tomou um cálice e, tendo dado graças, o deu aos discípulos, dizendo: "Bebei dele todos;* [28] *porque isto é o Meu sangue, o sangue **da nova aliança**, derramado em favor de muitos, para remissão de pecados".*

Mateus 26.26-28 (ênfase acrescentada)

Ela se estabeleceu plenamente no domingo de Pentecostes:

> *¹ Ao cumprir-se o dia de Pentecostes, estavam todos reunidos no mesmo lugar;*
> *² de repente, veio do céu um som, como de um vento impetuoso, e encheu toda a casa onde estavam assentados.*
> *³ E apareceram distribuídas entre eles, línguas, como de fogo, e pousou uma sobre cada um deles.*
> *⁴ **Todos ficaram cheios do Espírito Santo** e passaram a falar em outras línguas, segundo o Espírito lhes concedia que falassem.*

Atos 2.1-4 (ênfase acrescentada)

Hoje estamos no ponto culminante da "Era da Graça", também chamada a "Era da Fé", ou "Era da Igreja".

Lembramo-nos que quando Moisés desceu do monte com os Dez Mandamentos, ele encontrou o povo em pecado. Em retribuição, Deus mandou que ele enviasse os levitas para o meio do povo e executasse **cerca de três mil deles** (Êxodo 32.26-28). No domingo de Pentecostes, o nascimento da "Era da Graça", cerca de três mil almas foram acrescentadas à Igreja (Atos 2.41). Aqui vemos uma grande verdade revelada: *"A letra mata, mas o Espírito vivifica"* (2 Coríntios 3.6).

Devemos, portanto, ser gratos ao Senhor por nos permitir viver durante a "Era da Graça". Na Bíblia, a "Era da Graça" também é chamada de "últimos dias". Nos tempos bíblicos, os judeus sempre se referiam aos dias da semana usando seus números ordinais correspondentes. O domingo era o "primeiro dia da semana", a quarta-feira era o "quarto dia da semana" etc. Deus sempre trabalha visando a perfeição, e sete é o número da perfeição. Assim, os judeus estavam sempre trabalhando com vistas ao sétimo dia, o sábado, depois do qual eles começavam de novo.

Revendo nosso quadro, vemos que os últimos dois dias (ou 2.000 anos) antes do descanso sabático de 1.000 anos, são os dias cinco e seis. Assim sendo, a passagem das Escrituras a seguir se referem à "Era da Igreja" como os "últimos dias".

> *16 Mas o que ocorre é o que foi dito por intermédio do profeta Joel:*
> *17 "E acontecerá nos últimos dias, diz o Senhor, que derramarei do Meu Espírito sobre toda a carne;"*

Atos 2.16,17 (ênfase acrescentada)

> *1 Sabe, porém, isto: nos últimos dias sobrevirão tempos difíceis,*
> *2 pois os homens serão egoístas, avarentos, jactanciosos, arrogantes, blasfemadores, desobedientes aos pais, ingratos, irreverentes...*

2 Timóteo 3.1,2 (ênfase acrescentada)

> *17 Vós, porém, amados, lembrai-vos das palavras anteriormente proferidas pelos apóstolos de nosso Senhor Jesus Cristo,*
> *18 os quais vos diziam: No último tempo, haverá escarnecedores, andando segundo as suas ímpias paixões.*

Judas 17-18 (ênfase acrescentada)

Estamos vivendo atualmente no final do sexto – ou último – dia. Alguns poderão perguntar: "Último dia antes do quê?" A resposta é óbvia: o último dia antes do sábado, ou sétimo dia, a Era Milenar. Saber que estamos no último dia torna as palavras de Jesus em João 6 muito mais claras. Ele está nos dizendo quando será o arrebatamento. Não nos surpreende saber que seremos arrebatados no último dia:

*[40] De fato, a vontade de Meu Pai é que todo homem que vir o Filho e nele crer tenha a vida eterna; e **Eu o ressuscitarei no último dia.***

*[44] Ninguém pode vir a Mim se o Pai, que Me enviou, não o trouxer, e **Eu o ressuscitarei no último dia.***

[54] Quem comer a Minha carne e beber o Meu sangue tem a vida eterna, e Eu o ressuscitarei no último dia.

João 6.40,44,54 (ênfases acrescentadas)

Às vezes as expressões "últimos dias" e "fim dos tempos" são usadas como se tivessem o mesmo significado, mas isso está incorreto. Os "últimos dias" começaram, conforme já explanei, no Pentecostes. O "fim dos tempos" começou, na minha opinião, quando a parábola de Jesus sobre a figueira (Israel) cumpriu-se e Israel tornou-se novamente uma nação, em 14 de maio de 1948.

[29] ...Vede a figueira [Israel] e todas as árvores [nações da profecia].

[30] Quando começam a brotar [vibrantes após 900 anos de letargia], vendo-o, sabeis, por vós mesmos, que o verão [o julgamento das nações] está próximo.

[31] Assim também, quando virdes acontecerem estas coisas [a profecia sendo cumprida], sabei que está próximo o Reino de Deus.

[32] Em verdade vos digo que não passará esta geração [que vive em 1948], sem que tudo isto aconteça.

Lucas 21.29-32
(as observações entre chaves são interpretações da autora)

O "fim dos tempos" culminará em um período geralmente mencionado como "O Julgamento das Nações". Será possível que já estejamos vivendo esse período? Se estivermos, o que o futuro reserva para você e para mim?

capítulo 2
o Julgamento das Nações

O Julgamento das Nações é um tempo da história em que as nações finalmente colherão o que semearam. Lembro-me que, muitas vezes, dei um certo conselho aos meus filhos quando eles estavam crescendo: "Ninguém sai imune de nada". O mesmo acontece com as nações. Em última análise, todo julgamento nesta terra se reduzirá a esta pergunta: "Como você tratou Israel e os judeus?" (Mateus 25.31-46).

Muitos eruditos cristãos e judeus acreditam que o Julgamento das Nações começou no Rosh Hashanah no ano imediatamente após 1998, o Ano do Jubileu. Isto é, o Julgamento das Nações começou em 11 de setembro de 1999[3].

Se este cálculo é preciso, posso explicar porque Satanás escolheu 11 de setembro de 2001 como a data para atacar as Torres Gêmeas em Nova Iorque, uma espécie de tiro de represália.

Em todo caso, acredito que estamos vivendo nesse tempo de julgamento, assim caracterizado:

Todas as guerras proféticas não cumpridas anteriormente ocorrerão. Essas guerras incluem:

A Guerra do Iraque – Jeremias 50, 51
A destruição de Damasco – Isaías 17
A guerra de Gogue e Magogue – Ezequiel 38, 39
O Armagedon – Apocalipse 19.11-21 e Zacarias 12, 14

Tomar conhecimento disso **não deve desencadear o terror** no coração do leitor, mas o contrário. Estamos vivendo na época mais empolgante da história, com uma oportunidade sem paralelos diante de nós. Não estamos aqui por acaso. Deus nos colocou aqui neste tempo porque Ele sabia que, por Sua graça, nós faríamos a obra!

Que obra? A obra de colher a semente que foi semeada pelo sacrifício dos mártires, pelas lágrimas dos missionários, e pelas orações das mães e pais, feitas de joelhos durante os últimos dois mil anos! Se formos fiéis ao nosso chamado, e a maioria de nós será, *"resplandeceremos como o fulgor do firmamento... e como as estrelas, sempre e eternamente"* (Daniel 12.3).

Os julgamentos se tornarão cada vez mais rápidos e severos.

> *⁷ Porquanto se levantará nação contra nação, reino contra reino, e haverá fomes, pestilências e terremotos em vários lugares.*

> Mateus 24.7

Deus, que é amor, usará essas catástrofes e julgamentos para atrair os homens a Si.

> *⁹...Porque, quando os Teus juízos reinam na terra, os moradores do mundo aprendem justiça.*

> Isaías 26.9

Ele aumentará a Sua glória durante o julgamento.

> *²¹ Manifestarei a Minha glória entre as nações, e todas as nações verão o Meu juízo, que Eu tiver executado, e a Minha mão, que sobre elas tiver descarregado.*

> Ezequiel 39.21

Virá finalmente o tempo em que as nações carregadas de pecado ficarão esgotadas e a glória será plena:

> *¹³ Não vem do Senhor dos Exércitos que as nações labutem para o fogo e os povos se fatiguem em vão?*

[14] Pois a terra se encherá do conhecimento da glória do Senhor, como as águas cobrem o mar.

Habacuque 2.13,14

Então a Noiva de Cristo, a Igreja, será arrebatada, como profetizado por Oséias (lembre-se que a Era da Graça dura dois mil anos, ou "dois dias"):

[2] Depois de dois dias, nos revigorará; ao terceiro dia, nos levantará, e viveremos diante dele.

Oséias 6.2

Depois do arrebatamento, Jesus nos receberá, a Noiva de Cristo, na festa das bodas celestiais. Vemos uma confirmação do tempo dessa festa das bodas habilmente entrelaçada na estrutura do Evangelho de João:

[1] Três dias depois, houve um casamento...

João 2.1

É uma referência ao terceiro dia (1.000 anos) do Cristianismo.

Como declaramos acima, Deus sempre deseja que o homem se arrependa. Observe que mesmo durante a segunda metade da Tribulação, Deus envia anjos para serem vistos pelos homens, com avisos que não devem ser ignorados.

[6] Vi outro anjo voando pelo meio do céu, tendo um evangelho eterno para pregar aos que se assentam sobre a terra, e a cada nação e tribo, e língua e povo,
[7] dizendo, em grande voz: "Temei a Deus e dai-lhe glória, pois é chegada a hora do Seu juízo; e

adorai aquele que fez o céu, e a terra, e o mar, e as fontes das águas".

⁹ Seguiu-se a estes outro anjo, o terceiro, dizendo, em grande voz: **"Se alguém adora a besta e a sua imagem, e recebe a sua marca na fronte ou sobre a mão,**

¹⁰ também esse beberá do vinho da cólera de Deus, preparado, sem mistura, do cálice da Sua ira, e será atormentado com fogo e enxofre, diante dos santos anjos e na presença do Cordeiro".

Apocalipse 14.6,7, 9,10 (ênfase acrescentada)

E, finalmente, logo antes da batalha do Armagedon, o próprio Senhor, cheio de amor por Seus filhos rebeldes, faz um último apelo:

¹⁵ Eis que venho como vem o ladrão. Bem-aventurado aquele que vigia e guarda as suas vestes, para que não ande nu, e não se veja a sua vergonha.

¹⁶ Então, os ajuntaram no lugar que em hebraico se chama Armagedon.

Apocalipse 16.15,16

Uma revisão das características do tempo do Julgamento das Nações revela: todas as guerras bíblicas serão concluídas, os julgamentos serão progressivamente mais severos e mais próximos, e a mão de misericórdia de Deus estará estendida em todo esse tempo.

Assim como na terra, um tribunal se reunirá no céu, com um juiz na presidência do mesmo, antes que uma sentença possa ser decretada. O mundo terá o seu dia no tribunal, como ilustrado no Velho e no Novo Testamento:

⁹ Continuei olhando, até que foram postos uns tronos, e o Ancião de Dias se assentou; Sua veste

era branca como a neve, e os cabelos da cabeça, como a pura lã; e o Seu trono eram chamas de fogo, e suas rodas eram fogo ardente.
[10] Um rio de fogo manava e saía de diante dele; milhares de milhares O serviam, e miríades de miríades estavam diante dele; assentou-se o tribunal, e se abriram os livros.

Daniel 7.9,10

[2] Imediatamente, eu me achei em espírito, e eis armado no céu um trono, e, no trono, alguém sentado.
[4] Ao redor do trono, há também vinte e quatro tronos, e assentados neles, vinte e quatro anciãos vestidos de branco, em cujas cabeças estão coroas de ouro.

Apocalipse 4.2,4

[7] Veio, pois, e tomou o livro da mão direita daquele que estava sentado no trono;
[11] Vi e ouvi uma voz de muitos anjos ao redor do trono, dos seres viventes e dos anciãos, cujo número era de milhões de milhões e milhares de milhares.

Apocalipse 5.7,11

Vejamos novamente a passagem de Daniel 7.10:

[10] ... assentou-se o tribunal, e se abriram os livros.

Como já indiquei, acredito que o tribunal foi estabelecido em 11 de setembro de 1999 (vide página 22). Na Bíblia, uma pontuação pode representar um período de tempo prolongado. Acredito que estamos vivendo no tempo representado pela vírgula que vem depois da palavra "tribunal". Continuaremos neste intervalo de tempo até depois do arrebatamento da Igreja. Nessa ocasião, os *"livros serão abertos"*. *"E se abriram os livros"* será discutido em maiores detalhes no Capítulo 4.

O quadro da página a seguir oferece uma análise do que, acredito, virá à tona durante o tempo do Julgamento das Nações. Não há unanimidade de opiniões entre os estudiosos da Bíblia acerca da seqüência dos eventos. Convido os leitores a pesquisarem as Escrituras e a verem o que o Espírito Santo revela a seus próprios corações.

O Julgamento das Nações

Isaías 13:1 a 23:18 Salmo 110 Jeremias 25:15-26 Isaías 34

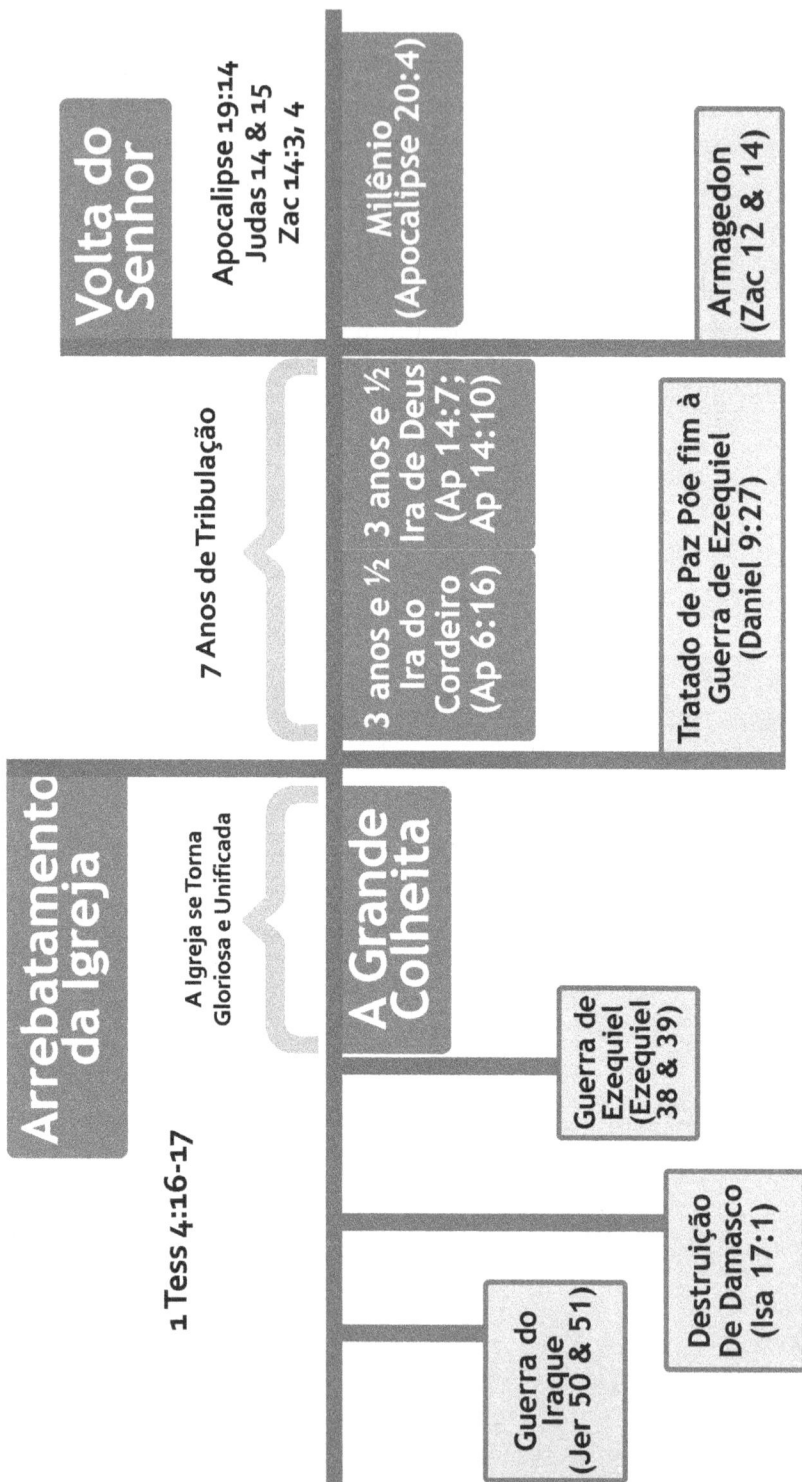

Volta do Senhor

Apocalipse 19:14
Judas 14 & 15
Zac 14:3, 4

Milênio (Apocalipse 20:4)

Armagedon (Zac 12 & 14)

7 Anos de Tribulação

3 anos e ½ Ira do Cordeiro (Ap 6:16)

3 anos e ½ Ira de Deus (Ap 14:7; Ap 14:10)

Tratado de Paz Põe fim à Guerra de Ezequiel (Daniel 9:27)

Arrebatamento da Igreja

A Igreja se Torna Gloriosa e Unificada

1 Tess 4:16-17

A Grande Colheita

Guerra de Ezequiel (Ezequiel 38 & 39)

Destruição De Damasco (Isa 17:1)

Guerra do Iraque (Jer 50 & 51)

Alguns eruditos acreditam que a destruição de Damasco será o acontecimento que detonará a guerra descrita em Ezequiel 38 e 39. Concordo com esta visão por quatro razões:

1) A Síria, arquiinimiga de Israel, não participa do ataque contra Israel em Ezequiel 38 e 39.

2) Duas passagens escatológicas poderosas das Escrituras, o livro de Amós e o capítulo 9 de Zacarias, começam com a destruição de Damasco.

3) Em Isaías 17, o capítulo que profetiza que *"Damasco deixará de ser cidade"* termina com três versículos (12-14) que parecem ser a guerra de Ezequiel. Isto indicaria que a destruição de Damasco precederia a guerra de Ezequiel.

> *¹² Ai do bramido dos grandes povos que bramam como bramam os mares, e do rugido das nações que rugem como rugem as impetuosas águas!*
>
> *¹³ Rugirão as nações como rugem as muitas águas, mas Deus as repreenderá, e fugirão para longe; serão afugentadas como a palha dos montes diante do vento e como pó levado pelo tufão.*
>
> *¹⁴ Ao anoitecer, eis que há pavor, e, antes que amanheça o dia, já não existem. Este é o quinhão daqueles que nos despojam e a sorte daqueles que nos saqueiam.*

Isaías 17.12-14

4) Com base no que acabo de explicar, uma leitura cuidadosa de Jeremias 49.23-27 parece profetizar um ataque naval por parte dos israelenses, levando a um incêndio em Damasco, sem dúvida causado por uma bomba extremamente poderosa (Amós 1.4 confirma que Damasco será devorada pelo fogo.) Enfatizei o versículo 25, no qual vemos o profeta Jeremias dando a entender o seguinte: os sírios estão nos atacando. Devemos destruir Damasco ou evacuar

Jerusalém. Decidimos, portanto, destruir Damasco (Jerusalém, naturalmente, é a cidade da alegria de Deus).

²³ A respeito de Damasco. Envergonhou-se Hamate e Arpade; e, tendo ouvido más novas, cambaleiam; são como o mar agitado, que não se pode sossegar.
²⁴ Enfraquecida está Damasco; virou as costas para fugir, e tremor a tomou; angústia e dores a tomaram como da que está de parto.
²⁵ **Como está abandonada a famosa cidade, a cidade de meu folguedo!**
²⁶ Portanto, cairão os seus jovens nas suas praças; todos os homens de guerra serão reduzidos a silêncio naquele dia, diz o Senhor dos Exércitos.
²⁷ Acenderei fogo dentro do muro de Damasco, o qual consumirá os palácios de Bem-Hadade.

Jeremias 49.23-27 (ênfase acrescentada)

Discutirei a guerra do livro de Ezequiel em detalhes no Capítulo 6. Ela é crucial para compreendermos a direção para onde cada um dos quatro cavaleiros seguirá.

Acreditamos que o primeiro dos quatro cavaleiros, o homem sobre o cavalo branco, seja o anticristo. Como uma das figuras mais enigmáticas da profecia bíblica, muito foi escrito sobre ele.

Não darei o nome de uma pessoa específica. Acredito que seja uma grande presunção e um grande insulto acusar alguém de ser o anticristo.

Além do mais, as Escrituras ensinam que ele será revelado após o arrebatamento.

⁷ Com efeito, o mistério da iniqüidade já opera e aguarda somente que seja afastado aquele que agora o detém.

> *⁸ então, será, de fato, revelado o iníquo, a quem o*
> *Senhor Jesus matará com o sopro de Sua boca e o*
> *destruirá pela manifestação de Sua vinda.*

2 Tessalonicenses 2.7,8

Quem é "Aquele" que detém o anticristo, impedindo-o de ser revelado? É o Corpo de Cristo. Sabemos que o Corpo de Cristo às vezes é mencionado na forma feminina como a "Noiva de Cristo", mas vemos também como o Corpo de Cristo é mencionado algumas vezes no masculino:

> *¹³ até que todos cheguemos à unidade da fé e do pleno*
> *conhecimento do Filho de Deus, à **perfeita***
> ***varonilidade**, à medida da estatura da plenitude*
> *de Cristo.*

Efésios 4.13 (ênfase acrescentada)

Portanto, "Aquele" que detém o anticristo de ser revelado não é outro senão o "perfeito varão" de Efésios 4.13. A saber, "Aquele" é o Corpo de Cristo.

Deixe-me delinear uma série de acontecimentos que, acredito, em breve irão ocorrer na terra:

1) A Síria atacará Israel.
2) Israel contra-atacará por mar para salvar Jerusalém, destruindo Damasco.
3) A indignação na Rússia e na comunidade muçulmana precipitará a guerra descrita em Ezequiel.
4) Deus derrotará os invasores russos e muçulmanos nas montanhas de Israel (vide Capítulo 6).
5) Um diplomata virá da Síria para Jerusalém para intermediar um tratado de paz de 7 anos com Israel. Esse diplomata é o anticristo.

> [27] *Ele fará firme aliança com muitos, por uma semana; na metade da semana, fará cessar o sacrifício e a oferta de manjares; sobre a asa das abominações virá o assolador, até que a destruição que está determinada, se derrame sobre ele.*
>
> Daniel 9.27

Vamos ler um pouco mais para ver o que as Escrituras têm a dizer sobre esse homem diabólico.

CAPÍTULO 3
A FIGURA DO ANTICRISTO

Antes que eu tente identificar os quatro cavaleiros, precisamos entender de onde vem o anticristo, uma vez que ele cavalga um dos cavalos. Ele está identificado em Apocalipse 13.1 como uma besta de sete cabeças. Essas sete cabeças representam os reinos que se levantaram contra a nação de Israel no curso da história (vide quadro abaixo).

SETE REINOS CONTRA A NAÇÃO DE ISRAEL:	
EGITO	Daniel 7.4-8
ASSÍRIA	"Quatro Grandes Bestas"
BABILÔNIA..Leão	
MEDO-PÉRSIA...................................Urso	
GRÉCIA...Leopardo	
ROMA...Besta terrível	
ROMA RESTAURADA	

A visão das quatro bestas em Daniel 7 identifica os quatro poderes mundiais que dominaram a antiga Jerusalém, descritos como bestas.

A comparação das bestas em Daniel 7.4-8 com a descrição do anticristo em Apocalipse é impressionante:

> [2] *A besta que vi era semelhante a* **leopardo**, *com pés como de* **urso** *e boca como de* **leão**. *E deu-lhe*

o dragão o seu poder, o seu trono e grande
autoridade.

Apocalipse 13.2 (ênfases acrescentadas)

Submeto esta descrição à seguinte linha de raciocínio: aqui o anticristo era como um grego (**leopardo**), seus pés andavam onde andavam os medo-persas (**urso**), e sua boca devorava o que os babilônios (**leão**) devoravam.

Assim, concluo que o anticristo será de origem grega, tomará posse do Iraque como os medo-persas fizeram, e subseqüentemente "devorará" Jerusalém como os babilônios fizeram. Na verdade, o anticristo é mencionado como o rei da Babilônia (Isaías 14.4) e o rei Sesaque (Jeremias 25.26). Sesaque é o nome codificado para Babilônia. O anticristo também é chamado de assírio (Isaías 10.24; 14.25 e Miquéias 5.5,6). Portanto, o anticristo deve ser da Assíria e um dia reinará como rei da Babilônia para que se cumpram as Escrituras.

Em Daniel, vemos o anticristo apresentado como o "pequeno chifre" que sai dos dez chifres, ou dez reinos do fim dos tempos.

> [7] *Depois disto, eu continuava olhando nas visões da noite, e eis aqui o quarto animal, terrível, espantoso e sobremodo forte, o qual tinha grandes dentes de ferro; ele devorava, e faziam em pedaços, e pisava aos pés o que sobejava; era diferente de todos os animais que apareceram antes dele e tinha dez chifres.*
> [8] *Estando eu a observar os* **chifres***, eis que entre eles subiu* **outro pequeno***, diante do qual três dos primeiros chifres foram arrancados; e eis que neste chifre havia olhos, como os de homem, e uma boca que falava com insolência.*

Daniel 7.7,8 (ênfases acrescentadas)

Não precisamos tentar interpretar esses versículos, uma vez que alguém que teve a visão com Daniel, provavelmente um anjo, dá a interpretação.

> ²³ *Então ele disse: O quarto animal será um quarto reino na terra, o qual será diferente de todos os reinos; e devorará toda a terra, e a pisará aos pés, e a fará em pedaços.*
> ²⁴ *Os dez chifres correspondem a dez reis que se levantarão daquele mesmo reino;* **e depois deles, se levantará outro, o qual será diferente dos primeiros, e abaterá a três reis.**
> ²⁵ *Proferirá palavras contra o Altíssimo, magoará os santos do Altíssimo e cuidará em mudar os tempos e a lei; e os santos lhe serão entregues nas mãos, por um tempo, dois tempos e metade de um tempo.*

Daniel 7.23-25 (ênfase acrescentada)

Em concordância com Daniel 7.24, o capítulo 8 de Daniel restringe o foco de quem poderia ser o pequeno chifre:

> ⁸ *O bode se engrandeceu sobremaneira; e, na sua força, quebrou-se-lhe o grande chifre, e em seu lugar saíram quatro chifres notáveis, para os quatro ventos do céu.*
> ⁹ **De um dos chifres saiu um chifre pequeno** *e se tornou muito forte para o sul, para o oriente e para a terra gloriosa.*

Daniel 8.8,9 (ênfase acrescentada)

Somos gratos ao anjo Gabriel, que interpretou a visão para Daniel.

> ²¹ *mas o bode peludo é o rei da Grécia; o chifre grande entre os olhos, é o primeiro rei;*

35

²² o ter sido quebrado, levantando-se quatro em lugar dele, significa que quatro reinos se levantarão deste povo, mas não com força igual à que ele tinha.
²³ Mas, no fim do seu reinado, quando os prevaricadores acabarem, levantar-se-á um rei *de feroz catadura e especialista em intrigas.*
²⁴ Grande é o seu poder, mas não por sua própria força; causará estupendas destruições, prosperará e fará o que lhe aprouver; destruirá os poderosos e o povo santo.

Daniel 8.21-14 (ênfase acrescentada)

Desse modo, vemos que o pequeno chifre, o anticristo, deverá surgir de uma das quatro divisões do império grego de Alexandre.

Uma interpretação cuidadosa da história grega antiga indica que o "primeiro rei", Alexandre o Grande, morreu em 323 a.C. Naquela época, seu reino foi dividido entre quatro generais. Estes são os quatro reinos mencionados em Daniel 8.22.

GENERAL		ÁREA GEOGRÁFICA
General Cassandro	assumiu o poder na	Grécia
General Lisímaco	assumiu o poder na	Turquia
General Seleuco	assumiu o poder na	Síria e no Iraque
General Ptolomeu	assumiu o poder no	Egito

O versículo seguinte, Daniel 8.23, deixa claro que o anticristo se levantará de um desses quatro reinos. É importante observar que todos os quatro generais eram de nacionalidade grega, conforme indicado em Daniel 8.22 (lembre-se de que o anticristo deverá ser de origem grega a fim de corroborar Apocalipse 13.2).

O anticristo também é chamado de "assírio" e "rei da Babilônia". Portanto, vamos dar uma olhada mais de perto no general Seleuco, que governou a Síria a partir da capital, Antioquia. A Assíria incluía a Síria, o Líbano, parte da Turquia, o Irã e o Iraque; as fronteiras eram muito instáveis. A Babilônia conquistou a Assíria em 612 a.C. A combinação da Babilônia com a Assíria é conhecida como o "Crescente Fértil".

Muitos acreditam que o "Crescente Fértil" será a base do poder do futuro anticristo. Os acontecimentos políticos que estão causando tamanha devastação no Oriente Médio por causa da Guerra do Iraque fazem com que pareça plausível que o Iraque e a Síria possam formar algum tipo de aliança. Caso isto ocorra, é possível que um assírio também se torne "rei da Babilônia" em um futuro próximo. Outro título dado ao anticristo em Daniel 11 é "rei do Norte".

Parece que estamos procurando um homem de nacionalidade grega, com cidadania síria e que será chamado "rei do Norte", que um dia dominará Jerusalém para fazer dela sua base e colocará um ídolo no lugar santo. Já houve uma pessoa tão maligna na face da terra? A resposta é "sim", o rei selêucida Antíoco Epifânio IV. Este rei foi um governante grego brutal, originário da Síria, que estava determinado a subjugar totalmente a cultura judaica. A língua e os costumes gregos foram impostos aos judeus, e a adoração a Zeus, o deus grego, era obrigatória. Antíoco IV governou de 175 a.C. a 164 a.C. A resistência feroz por parte dos judeus, comandada por um grande guerreiro chamado Judas Macabeu, caracterizou os últimos três anos de seu reinado. Os eruditos judeus vêem a vitória militar dos judeus sobre Antíoco Epifânio em 164 a.C. como o cumprimento desta profecia, escrita trezentos anos antes da guerra:

> [13] *Porque para Mim curvei Judá como um arco e o enchi de Efraim; suscitarei a teus filhos, ó Sião, contra teus filhos, ó Grécia! E te porei, ó Sião, como a espada de um valente.*

> Zacarias 9.13

Entretanto, David Baron declara enfaticamente que "a profecia não pode ser completamente restrita à luta dos macabeus contra os gregos siros"[4]. David Baron nasceu na Rússia em 1855 e foi criado nas melhores escolas rabínicas da Europa. Ele descobriu que Jesus era o Messias quando estudava o Antigo Testamento. Seus escritos férteis foram dirigidos igualmente a judeus e cristãos. Ele prossegue explicando:

> Não; Sião e Grécia, como bem observou outro autor, estão nesta profecia de Zacarias, opostos entre si, como a cidade de Deus e a cidade do mundo (a *civitas Dei*, e a *civitas mundi*, segundo concebeu Agostinho), e a derrota de Antíoco Epifânio e de seus sucessores nas mãos de um punhado de judeus desprezados, aos quais essa passagem pode se referir em primeira instância, **prenuncia o conflito final com o poder mundial e as sentenças a serem impostas sobre os exércitos confederados que se reunirão contra Jerusalém,** não apenas dirigidas pela mão de Deus, mas também pela mão de Israel, que será então fortalecida em Jeová[5]. (ênfase acrescentada)

Assim, vemos que a derrota de Antíoco Epifânio por Judas Macabeu prenuncia a derrota do anticristo pelo Senhor Jesus Cristo.

A comparação do quadro seguinte, entre Antíoco Epifânio e o anticristo que virá, inclui muitos fatos assustadores:

	ANTÍOCO	ANTICRISTO
1. Chamado de "pequeno chifre"	Daniel 8.9	Daniel 7.8
2a. Declara as festas solenes ilegais	2 Macabeus 6.6	---
2b. Tenta declarar as festas solenes ilegais	---	Daniel 7.25
3. Remove o sacrifício diário	Daniel 8.11	Daniel 9.27
4. Profana o templo de Deus	2 Macabeus 6.1	Daniel 9.27
5a. Obriga o povo a adorar o deus Baco sob pena de morte	2 Macabeus 6.7-9	---
5b. Obriga o povo a adorar a besta, sob pena de morte	---	Apocalipse 13.15-17
6. Os judeus sofrerão sob o seu reinado, mas não serão abandonados por Deus	2 Macabeus 6.16	Daniel 2.44 Daniel 7.25,26

	ANTÍOCO	ANTICRISTO
7. Estabelece a "abominação da desolação" no altar de Deus	1 Macabeus 1.54	Marcos 13.14
8. Chamado de "rei do Norte"	Daniel 11.6	Daniel 11.40
9. Ataca e derrota o Egito	Daniel 11.11-15	Daniel 11.40
10. Paz prolongada segue-se à sua derrocada	Paz de 1634 a.C. a 63 a.C.	Apocalipse 20.4 (Jesus reina por mil anos)

Uma das diferenças notáveis entre Antíoco Epifânio e o anticristo tem a ver com crenças religiosas. Antíoco Epifânio era pagão, enquanto o anticristo adorará o *"deus das fortalezas"* (Daniel 11.38). O Islamismo sempre conquistou por meio da força militar. Muitos eruditos modernos acreditam que o anticristo será um líder militar muçulmano.

A doutrina muçulmana xiita do "Mahdi" (o santo) ensina que o décimo segundo profeta (descendente de Ali) desapareceu no deserto por volta do ano 800. Alegam que ele é um homem santo, "sem pecado e absolutamente infalível", que voltará do deserto no fim da era e liderará o mundo na direção de uma sociedade inteiramente muçulmana[6].

É interessante observar que o ramo xiita da fé islâmica está crescendo, especialmente entre os jovens e a camada mais pobre nos países muçulmanos. A ordem de Maomé a seus seguidores antes de sua morte foi: "Lutem até que todos declarem que não há outro deus além de Alá".

Será que esta ordem poderia ser a força motriz por trás da guerra de terror que está sendo travada atualmente contra nós?

Antes de finalizar nossas considerações sobre a figura do anticristo, permita-me remeter o leitor de volta ao item 7 do quadro da página 38-39. Examinaremos o termo "abominação da desolação" à luz do livro de Macabeus (Macabeus é considerado um livro histórico, porém não faz parte das Escrituras, exceto para a Igreja Católica.)

Daniel adverte acerca dessa abominação:

> *[11] Depois do tempo em que o sacrifício diário for tirado, e posta a abominação desoladora, haverá ainda mil duzentos e noventa dias.*

> Daniel 12.11

Jesus afirma a precisão da profecia de Daniel em Marcos 13.14: *"Quando pois, virdes o abominável da desolação situado onde não deve estar (quem lê entenda), então, os que estiverem na Judéia fujam para os montes".* Então, fazemos a pergunta: O que é o *"abominável da desolação?"* À luz do livro de Macabeus, entendemos que eles se referem a um ídolo chamado, no livro de Apocalipse, de "a imagem da besta". O rei Antíoco colocou como ídolo uma estátua de Júpiter no altar.

> *⁵⁴ No dia quinze do mês de Casleu, do ano cento e quarenta e cinco, Antíoco levantou sobre o altar dos holocaustos a abominação da desolação...*

> 1 Macabeus 1.54

Sabemos, de acordo com a Palavra de Deus, que o falso profeta levantará uma imagem da besta.

> *¹⁴ Seduz os que habitam sobre a terra por causa dos sinais que lhe foi dado executar diante da besta, dizendo aos que habitam sobre a terra que façam uma imagem à besta, àquela que, ferida à espada, sobreviveu;*
> *¹⁵ e lhe foi dado comunicar fôlego à imagem da besta, para que não só a imagem falasse, **como ainda fizesse morrer quantos não adorassem a imagem da besta.***

> Apocalipse 13.14,15 (ênfase acrescentada)

Concluindo, vamos reexaminar dois fatos importantes:

1) Os muçulmanos estão esperando por um líder mundial que saia do deserto e assuma o controle do mundo.
2) A meio caminho do período da Tribulação (Daniel 9.27), o anticristo levantará a imagem da besta dentro do Santo Lugar do Templo. Considere a advertência de Jesus aos que

estiverem vivos durante o período da Tribulação, à luz desses dois fatos:

> ^{25} *Vede que vo-lo tenho predito.*
> ^{26} *Portanto, se vos disserem:* **Eis que ele está no deserto!** *Não saiais. Ou:* **Ei-lo no interior da casa!**, *não acrediteis.*

Mateus 24.25,26 (ênfases acrescentadas)

É bem possível que o Senhor esteja se referindo, neste versículo, ao líder mundial muçulmano, "Eis que ele está no deserto!", e à imagem da besta, "Ei-lo no interior da casa!" (Estudaremos a besta e a sua imagem com maiores detalhes no Capítulo 13).

Como mencionei no Capítulo 2 deste livro, o Julgamento das Nações já começou. O que está detendo os quatro cavaleiros do Apocalipse? Os livros não foram abertos.

> ^{10} *...assentou-se o tribunal, e se abriram os livros.*

Daniel 7.10

Quando os livros forem abertos, os quatro cavaleiros serão liberados. Mas quem abrirá os livros?

cαpítulo 4
defInIndo os quαtro cαvαLeIros

Todo o capítulo 5 do livro de Apocalipse é a história de quem abrirá o livro. Uma busca frenética é feita no céu, depois na terra e, finalmente, até mesmo no inferno, para encontrar alguém que seja digno de abrir o livro (Apocalipse 5.3). Ninguém é encontrado. João se sente tão impotente que chora muito (Apocalipse 5.4). Por que João chorava? Porque vê que o Julgamento das Nações começou. Ele sabe que o livro precisa ser aberto a fim de concluir o tempo do julgamento. Após o julgamento, o Messias virá, e o país amado de João, Israel, voltará ao seu lugar de direito. A nação será o centro de todos os negócios terrenos, o reinado que governará o mundo. O Templo será reconstruído, e haverá céu na terra. Como todo bom judeu, ele anseia por esse dia.

De repente, de pé diante dele, está "o Cordeiro que foi morto". Que alegria! Que êxtase! Adoração e louvor se seguem. E então Jesus caminha até o Pai, toma o livro e começa a abrir os selos.

Assim, o livro é aberto. Apocalipse 6 revela que quando os primeiros quatro selos do livro são quebrados por Jesus, cavaleiros vêm montados em cavalos: branco, vermelho, preto e verde. A versão King James da Bíblia refere-se ao quarto cavalo como o cavalo pálido ou amarelo. Entretanto, a palavra que mais fielmente traduz o termo grego original é "verde" (*). Muita especulação tem

---

(*) Assim como a versão King James, a maioria das versões brasileiras, incluindo as versões corrigida e atualizada de João Ferreira de Almeida identificam esse cavalo como amarelo, e não verde como cita a autora. A explicação vem do original grego, no qual a palavra verde neste trecho é *chlõros*, que pode ser traduzida como verde ou *amarelo esverdeado*. A maioria das traduções optou pelo "amarelo" ou "pálido", enquanto a autora prefere o original que de fato indica que a cor seja mais "verde" do que "amarela", haja vista a raiz da palavra seja a mesma da palavra clorofila. (N.T.)

sido feita através dos tempos acerca deste tópico. Quem são esses cavaleiros, para onde estão indo, e com que propósito? Conforme mencionado no prólogo deste livro, *"Também na vossa lei está escrito que o testemunho de duas pessoas é verdadeiro"* (João 8.17). Com certeza, se pesquisarmos as Escrituras, encontraremos os quatro cavalos em algum outro lugar além do livro de Apocalipse. Sabendo que as três maiores peças do "quebra-cabeça do fim dos tempos" são os livros de Daniel, Zacarias e Apocalipse, esperamos encontrar quatro cavaleiros em um destes livros, e não nos decepcionaremos.

Quem são esses cavaleiros e para onde estão indo?

De fato, em Zacarias encontramos quatro cavalos no capítulo 1, e quatro carros no capítulo 6. O livro de Zacarias foi escrito logo depois que os judeus retornaram a Israel do exílio de setenta anos na Babilônia, um castigo que Deus havia enviado por causa da desobediência deles e da adoração aos ídolos. Os capítulos 1 a 6 contêm uma série de oito visões que o profeta teve em uma noite, que retrata "de forma encadeada, um panorama do futuro de Israel, estreitamente ligado à época de então, encerrando com a expectativa do estabelecimento definitivo do Reino de Deus"[7].

Examinemos agora os quatro cavaleiros de Zacarias 1:

> [8] *Tive de noite uma visão, e eis um homem montado num cavalo vermelho; estava parado entre as murteiras que havia num vale profundo; atrás dele se achavam cavalos vermelhos, baios e brancos.*
> [9] *Então perguntei: meu senhor, quem são estes? Respondeu-me o anjo que falava comigo: Eu te mostrarei quem são eles.*
> [10] *Então, respondeu o homem que estava entre as murteiras e disse: São os que o Senhor tem enviado para percorrerem a terra.*

> [11] *Eles responderam ao anjo do Senhor, que estava entre as murteiras, e disseram: Nós já percorremos a terra, e eis que toda a terra está, agora, repousada e tranqüila.*
> [12] *Então o anjo do Senhor respondeu: Ó Senhor dos Exércitos, até quando não terás compaixão de Jerusalém e das cidades de Judá, contra as quais estás indignado faz já setenta anos?*

Zacarias 1.8-12

Na minha opinião, tais cavalos **não poderiam ser os cavalos do Apocalipse** por várias razões:

1) Há mais de um cavalo vermelho, e em Apocalipse 6 temos somente um cavalo vermelho.

2) O homem que cavalga um cavalo vermelho no versículo 8 é identificado no versículo 11 como o Anjo do Senhor. **"Ele é o Anjo de Jeová, que não é outro senão o Anjo da face de Deus, o Divino Anjo da Aliança, a segunda pessoa da Trindade bendita[8]"**. Jesus não poderia estar montando um dos cavalos, uma vez que Ele está no céu abrindo os selos.

3) O versículo 12 define o tempo desta visão como imediatamente após o exílio na Babilônia, aproximadamente em 520 a.C. Os quatro cavaleiros não sairão até o fim da era, mas provavelmente muito em breve.

Como mencionei, as oito visões são seqüenciais, quanto ao tempo, e a oitava visão ocorre logo antes do amanhecer. Portanto, a visão dos quatro carros, a visão final, pareceria encaixar-se cronologicamente durante esses tempos do fim. **Os quatro carros parecem ser a nossa apresentação aos quatro cavaleiros.**

Agora, examinaremos a visão dos quatro carros de Zacarias, capítulo 6:

¹ Outra vez, levantei os olhos e vi, e eis que quatro carros saíam dentre dois montes, e estes montes eram de bronze.

² No primeiro carro, os cavalos eram vermelhos, no segundo, pretos,

³ no terceiro, brancos e no quarto, baios; todos eram fortes.

⁴ Então, perguntei ao anjo que falava comigo: que é isto, meu senhor?

⁵ Respondeu-me o anjo: São os quatro ventos [espíritos] do céu, que saem donde estavam perante o Senhor de toda a terra.

⁶ O carro em que estão os cavalos pretos sai para a terra do Norte; o dos brancos, após eles; o dos baios, para a terra do Sul.

⁷ Saem assim, os cavalos fortes, forcejando por andar avante para percorrerem a terra. O Senhor lhes disse: Ide, percorrei a terra. E percorriam a terra.

⁸ E me chamou e me disse: "Eis que aqueles que saíram para a terra do Norte fazem repousar o meu Espírito na terra do Norte."

Zacarias 6.1-8

Muito debate tem sido gerado em torno das palavras do versículo sete, a saber, quem são os "cavalos fortes". Uma vez que os cavalos pretos, brancos e baios estão relacionados no versículo seis, acredito que os "cavalos fortes" do versículo sete sejam os vermelhos. Tanto em Zacarias quanto em Apocalipse, somente os cavalos vermelhos vão percorrer toda a terra.

Além do mais, concordo com a tradução de David Baron do versículo oito, uma vez que observamos que a palavra "ruach", traduzida na versão King James como "Espírito", também pode ser traduzida como "ira". Assim, o versículo oito deveria dizer de outra forma: *Eis que aqueles que saíram para a terra do Norte fazem repousar a minha ira na terra do Norte"* (Zacarias 6.8). **"O significado do versículo 8, portanto, é que aquele regimento de seres invisíveis**

cuja missão era a terra do Norte fez com que a ira do Senhor descansasse ali"⁹. Então, quando comparamos os carros de Zacarias 6 com a missão dos cavaleiros de Apocalipse 6, vemos os acontecimentos que fizeram com que Deus repousasse sua ira sobre a terra do Norte.

E assim, como acabo de mencionar, acredito que os quatro cavalos de Apocalipse 6 são na verdade um outro aspecto dos quatro carros de Zacarias 6. Sustento esta visão por quatro motivos:

1) Os cavalos dos carros de Zacarias são: vermelhos, pretos, brancos e baios (i.e. malhados).

2) Os cavalos de Apocalipse são: vermelhos, pretos, brancos e verdes (pálidos na versão King James). [O mistério do porquê os cavalos "baios", que identifico como Roma, estarem classificados como verdes no Novo Testamento será discutido em um capítulo mais à frente].

3) Cronologicamente, os quatro cavaleiros entram em cena no começo do período da Tribulação. A volta do Senhor é então descrita, sete anos depois, no livro de Apocalipse.

No livro de Zacarias, os quatro carros são apresentados em Zacarias 6.1-8.

Observe que a volta do Senhor vem logo depois que as tarefas deles são concluídas, quatro versículos adiante:

> ¹² *E dize-lhe: Assim diz o Senhor dos Exércitos: Eis aqui o homem cujo nome é Renovo; Ele brotará do Seu lugar e edificará o templo do Senhor.*
> ¹³ *Ele mesmo edificará o templo do Senhor e será revestido de glória; assentar-se-á no seu trono e dominará, e será sacerdote no Seu trono; e reinará perfeita união entre ambos os ofícios.*
>
> Zacarias 6.12,13

4) Os quatro carros estão identificados para nós em Zacarias 6.5. Eles são "os quatro espíritos do céu, que saem do seu lugar diante do Senhor de toda a terra."

Para que a minha analogia seja precisa, os quatro cavalos do Apocalipse devem ser bons, i.e., "espíritos do céu". Uma leitura cuidadosa do texto de Apocalipse, capítulo 6, indica que **são os cavaleiros que fazem com que tal calamidade venha sobre a terra. Os cavalos são agentes de Deus que facilitam os julgamentos que estão por vir sobre a terra.**

> *¹ Vi quando o Cordeiro abriu um dos sete selos e ouvi um dos quatro seres viventes dizendo, como se fosse voz de trovão: Vem!*
> *² Vi, então, e eis um cavalo branco,* **e o seu cavaleiro com um arco;** *e foi-lhe dada uma coroa; e ele saiu vencendo e para vencer.*
> *³ Quando abriu o segundo selo, ouvi o segundo ser vivente dizendo: Vem!*
> *⁴ E saiu outro cavalo, vermelho;* **e ao seu cavaleiro, foi-lhe dado tirar a paz da terra** *para que os homens se matassem uns aos outros; também lhe foi dada uma grande espada.*
> *⁵ Quando abriu o terceiro selo, ouvi o terceiro ser vivente dizendo: Vem! Então vi, e eis um cavalo preto* **e o seu cavaleiro com uma balança na mão.**
> *⁶ E ouvi uma como que voz no meio dos quatro seres viventes dizendo: Uma medida de trigo por um denário, três medidas de cevada por um denário; e não danifiques o azeite e o vinho.*
> *⁷ Quando o Cordeiro abriu o quarto selo, ouvi a voz do quarto ser vivente, dizendo: Vem!*
> *⁸ E olhei, e eis um cavalo amarelo (*)* **e o seu cavaleiro, sendo este chamado Morte;** *e*

---

* amarelo, na versão Almeida Revista e Atualizada; pálido (pale), na versão King James; verde, segundo interpretação da autora a partir do original. (N.T)

*o Inferno o estava seguindo, e foi-lhes dada
autoridade sobre a quarta parte da terra para
matar à espada, pela fome, com a mortandade e
por meio das feras da terra.*

Apocalipse 6.1-8 (ênfases acrescentadas)

Portanto, acredito que os quatro cavalos são os mesmos "quatro
espíritos do céu" que seguem avante no livro de Zacarias. Observe
que eles são enviados pelos quatro seres viventes, também chamados
de os quatro "querubins" no livro de Ezequiel. Com vozes como
de trovão eles dão a ordem para "vir", e os cavalos são soltos.

Os quatro seres viventes, cuja tarefa é "enviar" os cavalos,
representam as quatro direções terrenas sobre as quais o julgamento
deve vir. O mundo é descrito na Bíblia como uma casa cósmica
gigantesca, completada com uma pedra angular.

*⁴ Onde estavas tu, quando Eu lançava os
fundamentos da terra? Dize-mo, se tens
entendimento.*
*⁵ Quem lhe pôs as medidas, se é que o sabes? Ou
quem estendeu sobre ela o cordel?*
*⁶ Sobre que estão fundadas as suas bases ou quem
lhe assentou a pedra angular,*

Jó 38.4-6

Quando o sexto selo é aberto, perturbações cósmicas abalam a
terra.

*¹² Vi quando o Cordeiro abriu o sexto selo, e
sobreveio grande terremoto. O sol se tornou negro
como saco de crina, a lua toda, como sangue,*
*¹³ as estrelas do céu caíram pela terra, como a
figueira, quando abalada por vento forte, deixa
cair os seus figos verdes,*

> [14] *e o céu recolheu-se como um pergaminho quando se enrola. Então, todos os montes e ilhas foram movidos do seu lugar.*

Apocalipse 6.12-14

Assim, temos um retrato do julgamento movendo-se por toda a terra, mas de forma limitada, durante o tempo da Ira do Cordeiro. Uma leitura cuidadosa do livro de Apocalipse indica que há dois períodos diferentes de três anos e meio durante a Tribulação. A primeira metade é chamada de a "Ira do Cordeiro", Apocalipse 6.16, e a segunda metade, a "Ira de Deus", Apocalipse 14.7. Para chegarmos ao nosso propósito neste capítulo, é importante entender que a função dos quatro cavaleiros é trazer o julgamento àquela parte da terra que cerca o Mar Mediterrâneo: a Europa, o Oriente Médio, a África do Norte, e também a Rússia.

5) Finalmente, os quatro carros de Zacarias e os quatro cavaleiros de Apocalipse, inclusive a direção e o propósito de sua missão, se encaixam "como mão dentro da luva". Zacarias nos diz quem eles são e para onde estão indo. O Apocalipse nos diz o porquê.

Então, quem são eles? Mais uma vez, confiamos na explicação de David Baron:

> O número quatro traz com clareza à nossa mente, mais uma vez, os quatro grandes poderes mundiais gentílicos, cujo percurso contínuo constitui "o tempo dos gentios", e cuja derrocada final deve preceder a restauração e a bênção de Israel, e o estabelecimento visível do Reino Messiânico[10].

Esses quatro poderes são o Babilônico, Medo-Persa, o Grego (ou Greco-Macedônico), e o Romano. "Esses são os chifres (ou poderes

49

gentílicos) que dispersaram Judá, Israel e Jerusalém" (cap. 1,19), e é a destruição e o julgamento dos mesmos, por meio dos poderes celestiais invisíveis indicados por Deus como um antecedente necessário ao estabelecimento do reino do Messias e da bênção de Israel, que é simbolicamente mostrado ao profeta em sua última visão[11].

E assim, o mistério é revelado. A primeira vez que os carros são apresentados é em Zacarias 6.2,3. Aqui eles estão em ordem cronológica. Extraímos suas identidades desses versículos.

Em Zacarias 6.6,7, portanto, vemos em que direção eles estão indo. Isso nos ajuda imensamente quando chegamos ao Apocalipse, uma vez que no capítulo 6, temos as suas missões explicadas.

Identidade e Propósito dos Quatro Carros / Cavaleiros

	COR	PAÍS	MISSÃO	DIREÇÃO	ORDEM DE APARIÇÃO (em Apocalipse)
1º Carro	VERMELHO	Babilônia (Iraque)	Levar uma espada (Islã) por toda a terra	Para toda a terra	Segundo lugar
2º Carro	PRETO	Medo-Pérsia (Irã)	Escassez e fome no Irã, na Rússia e em todos os países que combateram Israel na guerra descrita em Ezequiel	Norte	Terceiro lugar
3º Carro	BRANCO	Grécia	O anticristo deixa Israel após o Tratado de Paz de Daniel 9.27 e vai para o norte para a coalizão da sua base.	Norte	Primeiro lugar
4º Carro	BAIO (AMARELO) / VERDE	Roma	Recebe poder sobre ¼ da terra (o antigo IMPÉRIO ROMANO também dominou ¼ da terra). A dupla satânica, "a Morte e o Inferno", mata por meio da guerra, da fome, das bestas da terra e de seu próprio poder espiritual maligno.	Sul	Quarto lugar

A missão de cada cavaleiro será examinada mais de perto no Capítulo 7. As conclusões tiradas baseiam-se em uma combinação de:

1) O que as Escrituras dizem
2) O que os mestres da Bíblia ensinaram
3) Os eventos atuais
4) Nossa própria interpretação

Assim, admito de bom grado que alguém possa facilmente divergir da minha opinião. Convido o leitor a estudar as Escrituras e a propor outras visões possíveis. Meu propósito é despertar no coração do leitor um senso de iminência com relação aos acontecimentos sobre os quais escrevo.

CAPÍTULO 5
O CAVALO BAIO/VERDE

Como mencionei, os quatro poderes mundiais que estão sujeitos a julgamento, de acordo com Zacarias e Apocalipse, são:

1)	Babilônia (Iraque)	....Cavalo Vermelho
2)	Medo-Pérsia (Irã)	....Cavalo Preto
3)	Grécia	....Cavalo Branco
4)	Roma	....Cavalo Baio/Verde

Estes são os antigos inimigos e opressores do povo escolhido de Deus.

No livro de Daniel, estes mesmos quatro impérios são primeiramente ilustrados profeticamente no capítulo 2, na imagem de Nabucodonosor.

1) Babilônia	Cabeça de ouro	Daniel 2.32
2) Medo-Pérsia	Peito e braços de prata	Daniel 2.32
3) Grécia	Ventre e coxas de bronze	Daniel 2.32
4) Roma	Pernas de ferro	Daniel 2.33
5) Roma Restaurada	Pés de ferro e barro	Daniel 2.41-43

Dos pés de ferro e barro, Daniel diz:

> [41] *Quanto ao que viste dos pés e dos artelhos, em parte, **de barro de oleiro e, em parte, de ferro**, será esse um reino dividido; contudo, haverá*

nele alguma coisa de firmeza do ferro, pois que viste o ferro misturado com barro de lodo.

⁴² *Como os artelhos dos pés eram, em parte, de ferro, e,* **em parte, de barro,** *assim, por uma parte, o reino será forte, e, por outra, será frágil.*

⁴³ *Quanto ao que viste do* **ferro misturado com barro de lodo***, misturar-se-ão mediante casamento, mas não se ligarão um ao outro, assim como o ferro não se mistura com o barro.*

Daniel 2.41-43 (ênfases acrescentadas)

Daniel repete três vezes a visão do ferro misturado com barro. É possível que os pés da imagem tivessem uma aparência malhada ou "manchada". Mais de cem anos depois, quando Zacarias escreveu o seu livro e chamou os cavalos do quarto carro de "baios", deve ter havido muita curiosidade sobre qual seria este quarto e último reino. Claramente, a partir dos profetas, os judeus podiam concluir que ele seria um império forte e cruel.

A Roma Desprezada e Pagã

No tempo em que João escreveu o livro de Apocalipse na ilha de Patmos, todos os judeus sabiam quem era o quarto reino, porque foram muito oprimidos por ele. Este quarto reino era Roma, o reino que os havia conquistado e subjugado – a Roma desprezada e pagã.

João pessoalmente tinha muito a temer por parte de Roma. Eles haviam tentado fervê-lo em óleo, mas ele não morrera. Então o imperador Domiciano o exilou na ilha de Patmos.

Vamos examinar novamente os quatro carros de Zacarias, comparando-os aos quatro cavalos do Apocalipse. Consulte a tabela a seguir.

REINO	OS CARROS DE ZACARIAS	OS CARROS DE JOÃO
Babilônia	Vermelho	Vermelho
Medo-Pérsia	Preto	Preto
Grécia	Branco	Branco
Roma	Baio	Verde

Por que a cor do cavalo romano não é compatível? Acredito que João sabia, assim como todos os judeus cristãos de seu tempo, que Zacarias e Daniel haviam profetizado que um julgamento severo viria sobre o quarto reino, de acordo com as Escrituras. João não podia arriscar sua própria vida e as vidas de seus companheiros crentes ligando Roma aos livros de Zacarias e Daniel. Portanto, acredito que ou João ou o Senhor codificaram Roma com uma cor que não se encaixaria no padrão: *chloros*, em grego, ou verde. (A versão King James erroneamente identifica o cavalo como pálido. Entretanto, a palavra *chloros* é usada para descrever "erva verde" em Apocalipse 8.7 e "nem a qualquer coisa verde" em Apocalipse 9.4. A nossa palavra "clorofila" deriva desse termo.)

Observamos que João também empregou este mesmo expediente para codificar o nome de Roma em Apocalipse 17. Identificamos Roma em Apocalipse 17.9 como a cidade que está sentada sobre sete montes. Também em Apocalipse 17.18, Roma é identificada como "a grande cidade que domina sobre os reis da terra". Conforme discutido anteriormente neste capítulo, os "dez artelhos" de Daniel 2 são os reis que reinam no Império Romano restaurado. Uma leitura cuidadosa do capítulo 17 de Apocalipse revela que João chama aquela cidade, que na realidade é Roma, de: "MISTÉRIO, BABILÔNIA A GRANDE" no versículo cinco, e de "a meretriz" nos versículos 15 e 16. Mais uma vez, sinto que isto foi codificado a fim de impedir que a ira dos romanos caísse sobre os cristãos judeus (vide Capítulo 11).

A cor do cavalo romano, verde, ainda tem um outro significado, naturalmente. Nunca, em toda a Bíblia, uma palavra foi desperdiçada ou deixou de ter significado. Poderia o verde representar o movimento radical de esquerda que está varrendo a Europa dos nossos dias? Refiro-me ao movimento ambientalista que sustenta que a "Mãe Terra" é sagrada – a saber, o Greenpeace, ou Partido Verde.

CAPÍTULO 6
CONFLITO MUNDIAL / COLHEITA MUNDIAL

Quando o general Tito, o guerreiro romano, cercou e saqueou Jerusalém em 70 d.C., os judeus foram escravizados e levados aos quatro cantos da Terra. O fato de eles não terem nunca sido absorvidos pela cultura de nenhuma das nações para onde foram dispersos é um testemunho da fidelidade de Deus. Deus havia chamado os judeus para serem uma nação santa:

> *⁵ Agora, pois, se diligentemente ouvirdes a Minha voz e guardardes a Minha aliança, então, sereis a Minha propriedade peculiar dentre todos os povos; porque toda a terra é Minha;*
> *⁶ vós Me sereis reino de sacerdotes e nação santa. São estas as palavras que falarás aos filhos de Israel.*

> Êxodo 19.5,6

Os judeus tiveram de deixar a terra prometida por três vezes:

1) Durante a escassez de alimentos, nos dias de Jacó, quando foram para o Egito, onde foram alimentados por seu irmão José, a quem Deus havia enviado adiante para preservá-los com vida.

2) Em 586 a.C., quando o rei Nabucodonosor os levou para a Babilônia por setenta anos.

3) Em 70 d.C., quando Tito, o romano, os dispersou por toda a terra.

Deus sempre lhes prometera que o destino final de seu povo seria voltar a Israel, o centro do mundo, para governar e reinar com Ele para sempre.

> [14] *Também virão a ti, inclinando-se, os filhos dos que te oprimiram; prostrar-se-ão até às plantas dos teus pés todos os que te desdenharam e* **chamar-te-ão Cidade do Senhor, a Sião do Santo de Israel.**
> [15] *De abandonada e odiada que eras, de modo que ninguém passava por ti, Eu te constituirei glória eterna, regozijo, de geração em geração.*

Isaías 60.14,15 (ênfase acrescentada)

> [2] *E eis que, do caminho do oriente, vinha a glória do Deus de Israel; a Sua voz era como o ruído de muitas águas, e a terra resplandeceu por causa da Sua glória.*
> [5] *O Espírito me levantou e me levou ao átrio interior; e eis que a glória do Senhor enchia o templo.*
> [6] *Então ouvi uma voz que me foi dirigida do interior do templo, e o homem se pôs de pé junto a mim, e o Senhor me disse:*
> [7] *"Filho do homem, este é o lugar do Meu trono, e o lugar das plantas dos Meus pés,* **onde habitarei no meio dos filhos de Israel para sempre..."**

Ezequiel 43.2; 5-7 (ênfase acrescentada)

A nação de Israel renasceu em 14 de maio de 1948. Quando as Nações Unidas concordaram em dar aos judeus a sua terra de volta por terem eles sofrido tão intensamente durante o Holocausto, o inferno literalmente desencadeou-se. Devido ao fato de que o próprio Jesus governará e reinará a partir de Jerusalém, o diabo tem se recusado a permitir que os judeus vivam em paz.

As guerras que os judeus tiveram de enfrentar nos tempos modernos incluem:

1) 1948 – a Guerra da Independência
2) A guerra de 1956
3) 1967 – A Guerra dos Seis Dias
4) 1973 – A Guerra de Yom Kippur
5) 2000 – A Intifada

A Intifada, ou a Guerra do Terror, está em curso no momento em que escrevo este livro. O termo "homem-bomba" ou, mais precisamente, "bomba homicida" representa um artifício utilizado por Satanás para destruir judeus e árabes. Só Deus sabe quantos jovens muçulmanos desceram ao inferno por toda a eternidade e despertaram diante da espantosa realidade de que não foi Deus quem os incentivou a cometerem assassinato.

A Bíblia ensina claramente que o diabo tentará mais uma vez arrancar a Terra Santa das mãos do povo escolhido. Uma certa guerra, chamada a guerra de Gogue e Magogue, ou a guerra de Ezequiel 38 e 39, encontra-se agora mesmo na tela dos radares, quando olhamos para os acontecimentos atuais.

Cada país recebeu um anjo que foi designado por Deus para protegê-lo. Do mesmo modo, Satanás designou para cada país um "principado chefe" para destruí-lo. O principado chefe que está sobre a Rússia é um ser sinistro chamado "Gogue". Embora não haja unanimidade entre os eruditos da Bíblia com relação a quem são Gomer e Togarma, em geral os protagonistas da guerra de Ezequiel são relacionados como se segue:

NOME BÍBLICO	NOME MODERNO
Rôs	Rússia
Meseque	Moscou (capital da Rússia)
Tubal	Tobolsk (ex-capital da Sibéria, localizada na parte oriental da Rússia)
Pérsia	Irã
Etiópia	Etiópia (possivelmente Sudão)

NOME BÍBLICO	NOME MODERNO
Líbia	Líbia
Gomer	Alemanha, ou antigos estados islâmicos soviéticos
Togarma	Turquia
Gogue	O espírito maligno que governa a Rússia

As hordas de Gogue, relacionadas acima, virão contra o pequeno país de Israel para pilhá-lo e destruí-lo. Quais são os acontecimentos que precipitarão essa guerra maciça? Conforme mencionado no Capítulo 2, acredito que a Síria invadirá Israel, que contra-atacará, destruindo Damasco. No plano natural, será a destruição de Damasco por Israel que fará com que a Rússia e seus aliados invadam a nação israelita.

Observe os versículos abaixo que retratam a guerra de Ezequiel, onde o próprio Senhor está falando, ordenando às nações que invadam Israel:

> [7] *"Prepara-te, sim, dispõe-te,* **tu e toda a multidão do teu povo** *que se reuniu a ti, e serve-lhe de guarda.*
> [8] *Depois de muitos dias, serás visitado; no fim dos anos,* **virás à terra** *que se recuperou da espada, ao povo que se congregou dentre muitos povos sobre os montes de Israel, que sempre estavam desolados; este povo foi tirado de entre os povos, e todos eles habitarão seguramente.*
> [9] **Então subirás,** *virás como tempestade, far-te-ás como nuvem que cobre a terra,* **tu e todas as tuas tropas,** *e muitos povos contigo".*
> [10] **Assim diz o Senhor Deus:** *"Naquele dia, terás imaginações no teu coração e* **conceberás mau desígnio;**
> [11] *e dirás: Subirei contra a terra das aldeias sem muros, virei contra os que estão em repouso, que*

vivem seguros, que habitam, todos, sem muros e não têm ferrolhos nem portas; ¹² *isso a fim de tomares o despojo, arrebatares a presa e* **levantares a mão** *contra as terras desertas que se acham habitadas e contra o povo que se congregou dentre as nações, o qual tem gado e bens e habita no meio da terra".*

Ezequiel 38.7-12 (ênfases acrescentadas)

DEUS ORDENA O ATAQUE

O propósito da guerra, do ponto de vista do adversário, é tomar o despojo e arrebatar a presa, e ir contra Israel, de acordo com o versículo 12.

As nações do mundo, inclusive os Estados Unidos, apresentarão um protesto diplomático, mas não interferirão militarmente:

¹³ *"Sabá e Dedã, e os mercadores de Társis, e todos os seus governadores rapaces [**jovens leões**] te dirão: Vens tu para tomar o despojo? Ajuntaste o teu bando para arrebatar a presa, para levar a prata e o ouro, para tomar o gado e as possessões, para saquear grandes despojos?"*

Ezequiel 38.13 (ênfase acrescentada)

Muitos eruditos cristãos acreditam que os americanos sejam os "jovens leões de Társis". Társis é vista por vários autores como sendo a área do norte do Mediterrâneo, Espanha ou Inglaterra. Uma vez que os peregrinos eram de descendência européia, qualquer das definições de Társis acima qualificaria os americanos como sendo a sua descendência, ou os jovens leões.

Contra todas as probabilidades, os judeus vencerão a guerra. Para ser mais precisa, o grande Deus, Jeová, vencerá a guerra. Ele tem muitas armas à Sua disposição. Elas incluem:

1) Terremotos: *"Pois no Meu zelo, no brasume do Meu furor, disse que, naquele dia, será fortemente sacudida a terra de Israel"* (Ezequiel 38.19).

2) Poderio militar: *"Chamarei contra Gogue a espada em todos os Meus montes..."* (Ezequiel 38.21).

Os Judeus Vencerão a Guerra

3) Fogo amigo: *"... a espada de cada um se voltará contra o seu próximo"* (Ezequiel 38.21).

4) Peste e derramamento de sangue: *"Contenderei com ele por meio da peste e do sangue..."* (Ezequiel 38.22).

5) Chuva, granizo, fogo e enxofre: *"chuva inundante, grandes pedras de saraiva, fogo e enxofre farei cair sobre ele, sobre as suas tropas e sobre os muitos povos que estiverem com ele"* (Ezequiel 38.22).

É minha opinião que a guerra de Ezequiel 38 e 39 precederá o período da Tribulação. A Igreja terá a sua melhor hora, quando Deus nos usar para trazer a grande colheita para a qual nos preparamos por tanto tempo.

Assim sendo, apresentarei uma tabela em que situo a guerra de Ezequiel antes da Grande Tribulação:

Acontecimento	Guerra de Ezequiel	Armagedon
Onde será o combate	Montes de Israel Ezequiel 38.21; 39.2	Vale de Armagedon Joel 3.14; Apocalipse 16.16
Quando será o combate	6º Dia Últimos Dias Ezequiel 38.8, 16	7º Dia 'Dia do Senhor' Zacarias 14.1; Joel 2.1; Obadias vers.15; Apocalipse 1.10
Concluído por	Tratado (Daniel 9.27)	Jesus derrotando as nações Zacarias 14.3 Apocalipse 19.11-21
Nações que tomarão parte	Rússia, Irã, Etiópia, Líbia, Alemanha, Turquia Ezequiel 38.3, 5, 6	Todas as nações Zacarias 12.3; Zacarias 14.2; Obadias vers. 15
Posição de Jerusalém quando a guerra estourar	Em paz Ezequiel 38.11	'Pisoteada' Lucas 21.24; Daniel 9.16
Posição dos israelitas quando a guerra estourar	Em paz Ezequiel 38.14	Escondidos em Petra Apocalipse 12.13-16 Isaías 16.4; Daniel 11.41
Propósito da guerra	Trazer a colheita Ezequiel 38.16,23 Ezequiel 39.7,21	Estabelecer o Reino Milenar com Israel no governo Isaías 42.4 Zacarias 14.16-21 Apocalipse 20.4

Como mencionei acima, o próprio Senhor Deus ordena a invasão e depois destrói os invasores. Deus, que é amor, ordena a invasão. Mas, poderíamos perguntar, por que Ele faria isso?

1) Deus é justo e precisa trazer julgamento sobre aqueles que se levantam contra o Seu povo escolhido.

[19] *"Pois no Meu zelo, no brasume do Meu furor, disse..."*

Ezequiel 38.19

2) Deus é misericordioso, e essa guerra detonará a grande colheita mundial.

[16] *"...* **para que as nações Me conheçam a Mim***, quando Eu tiver vindicado a Minha santidade em ti, ó Gogue, perante elas".*

Ezequiel 38.16(ênfase acrescentada)

[23] *"Assim, Eu me engrandecerei, vindicarei a Minha santidade, e* **Me darei a conhecer aos olhos de muitas nações***; e saberão que Eu Sou o Senhor".*

Ezequiel 28.23 (ênfase acrescentada)

[7] *"Farei conhecido o Meu Santo nome no meio do Meu povo de Israel e nunca mais deixarei profanar o Meu santo nome; e* **as nações saberão que Eu Sou o Senhor,** *o Santo em Israel".*

Ezequiel 39.7 (ênfase acrescentada)

[21] *"Manifestarei a Minha glória entre as nações,* **e todas as nações verão o Meu juízo,** *que Eu tiver executado, e a Minha mão, que sobre elas tiver descarregado".*

Ezequiel 39.21 (ênfase acrescentada)

3) Israel, finalmente, como nação, se voltará para Jeová (entretanto, eles não reconhecerão o seu Messias ainda).

[22] *"Desse dia em diante, os da casa de Israel saberão que **Eu Sou o Senhor**, seu Deus".*

Ezequiel 39.22 (ênfase acrescentada)

Vamos fazer uma pausa aqui para refletirmos sobre o estilo de vida do homem e da mulher modernos. A maioria de nós assiste à televisão de duas a quatro horas por dia. Desde o conflito no Vietnã, nos acostumamos a assistir à guerra pela televisão.

No início da guerra do Iraque, em 2003, tínhamos até repórteres "infiltrados" nas tropas para que pudéssemos ver o desenrolar da guerra, uma cena após a outra. Durante quantas horas por dia assistimos à televisão durante a guerra? Assim, tornou-se parte da nossa psique nacional ver a guerra "ao vivo e a cores" através de nosso aparelho de televisão.

Use sua imaginação e projete-se para os dias da guerra de Ezequiel. Ficaremos alarmados aos vermos as tropas russas se posicionarem! É provável que seja feita uma aliança, muito semelhante à nossa coalizão contra o Iraque. As nações decidirão "dar uma lição" em Israel de uma vez por todas. Isso tem que acontecer porque Deus o disse através de Ezequiel.

Os repórteres televisivos nos trarão as últimas notícias a cada minuto. Os cristãos, sem dúvida, estarão fazendo reuniões de oração de 24 horas: "Pai, seja feita a Tua vontade na terra assim como no céu". Os cristãos nominais e os que ficam em cima do muro tirarão a poeira de suas Bíblias e consultarão a Palavra em Ezequiel 38 e 39.

Uma Aliança Formada por Muçulmanos e Russos para Dar uma Lição em Israel

De repente, o ataque! Páraquedistas descem nos montes de Israel, "como nuvem que cobre a terra" – Ezequiel 38.9 – "todas as tuas tropas e muitos povos" contra um país de cinco milhões de judeus. (Voltamos em *flashback* até Gideão, que derrotou inúmeros midianitas com trezentos homens.) Será possível? A Bíblia pode mesmo ser verdade?

E então, terremoto, espada, fogo e enxofre, granizo e chuva. Deus reina, Ele realmente está no controle. Ó louvai-o para todo o sempre!

As nações, sim, as nações virão ao Senhor. Esta será a grande colheita pela qual esperamos por tanto tempo. Colheremos onde não semeamos, o que ara a terra alcançará o que ceifa, e as chuvas serôdia e temporã descerão juntas. O conhecimento da glória do Senhor cobrirá a terra como as águas cobrem o mar, e nós estaremos bem no meio de tudo isso.

Os cristãos abrem suas bíblias em Ezequiel 38 e lêem rápida e furiosamente. Alguém bate à sua porta, o telefone toca, a mesma pergunta parte de cada vizinho, de cada amigo: "Você é cristão, não é? O que está acontecendo?" Santos de Deus, aprendam agora, para que estejam preparados. Vocês precisam responder corretamente. Nós lhes diremos: "Isto é apenas o começo. Deus está julgando as nações. Arrependam-se e sejam salvos. Aceitem a Jesus e fujam da ira que está por vir".

> *34 "Acautelai-vos por vós mesmos, para que nunca vos suceda que o vosso coração fique sobrecarregado com as conseqüências da orgia, da embriaguez, e das preocupações deste mundo, e para que aquele dia não venha sobre vós repentinamente, como um laço.*

> *35 "Pois há de sobrevir a todos os que vivem sobre a face de toda a terra.*

> *36 "Vigiai, pois, a todo tempo, orando, **para que possais escapar de todas estas coisas que têm de suceder** e estar em pé na presença do Filho do Homem".*

Lucas 21.34-36 (ênfase acrescentada)

*⁹ **Porque Deus não nos destinou para a ira**, mas para alcançar a salvação mediante nosso Senhor Jesus Cristo,*
¹⁰ que morreu por nós para que, quer vigiemos, quer durmamos, vivamos em união com ele.

1 Tessalonicenses 5.9,10 (ênfase acrescentada)

*¹⁰ Porque guardaste a palavra da Minha perseverança, também Eu te guardarei da hora da provação que há de **vir sobre o mundo inteiro, para experimentar os que habitam sobre a terra.***
¹¹ Venho sem demora. Conserva o que tens, para que ninguém tome a tua coroa.

Apocalipse 3.10,11 (ênfase acrescentada)

Amados santos de Deus, estamos sendo chamados pelo Espírito Santo, nesta hora, para nos prepararmos. Esta é a hora de começar, se você ainda não ouviu a ordem dEle: promover períodos maiores de oração a cada dia, em comunhão, e sessões regulares de jejum, unir-se a um grupo ou célula, estudar e meditar na Palavra, inscrever-se naquele Estudo Bíblico oferecido pela sua igreja, usar suas férias para freqüentar um bom seminário cristão etc. Em suma, é tempo de colocar o seu coração na rota certa, para que você seja encontrado *"sem mancha ou ruga"*.

> É hora de colocar o seu coração na direção certa

Alguns, no entanto, não aceitarão o manto da responsabilidade. Infelizmente, eles perderão o arrebatamento. Será a porção deles assistirem a um diplomata sírio viajar para Israel e negociar um tratado de paz com os israelenses vitoriosos e entusiasmados. Minha opinião é de que sua oferta incluirá a permissão para que os judeus reconstruam o templo no Monte Moriá. Eles têm ansiado por um templo desde 70 d.C., e essa seria uma negociação boa demais para ser recusada. Por que um sírio seria o negociador? Talvez porque a Síria possa ser a nação que venha presidir o Conselho de Segurança das Nações Unidas (atualmente eles ocupam a presidência, enquanto escrevo este livro). Um outro motivo possível é porque a guerra foi precipitada pela invasão da Síria a Israel. Em todo caso, a Bíblia é clara – ele é o anticristo e chegará até os israelenses com a proposta de um tratado de paz de sete anos:

> [27] *"Ele fará firme aliança com muitos, por uma semana; na metade da semana, fará cessar o sacrifício e a oferta de manjares; sobre a asa das abominações virá o assolador, até que a destruição, que está determinada, se derrame sobre ele".*

> Daniel 9.27

Ao revermos Daniel 7.10 e 11, observamos que a primeira coisa que Daniel ouviu quando os livros foram abertos foi o som da voz do anticristo.

> [10] *... assentou-se o tribunal, e se abriram os livros.*
> [11] *Então, estive olhando, por causa da voz das insolentes palavras* **que o chifre proferia**...

> Daniel 7.10,11 (ênfase acrescentada)

Por que a voz do anticristo foi a primeira coisa que Daniel ouviu quando Jesus abriu os selos? Os primeiros quatro selos em Apocalipse 6 soltam os quatro cavaleiros apocalípticos. O primeiro selo solta o anticristo?

Prossiga com a leitura para ver se o livro de Apocalipse concorda com o que acabamos de ler aqui no livro de Daniel.

CAPÍTULO 7
EXPLICAÇÃO SOBRE OS QUATRO CAVALEIROS

Parte I – O Cavaleiro do Cavalo Branco

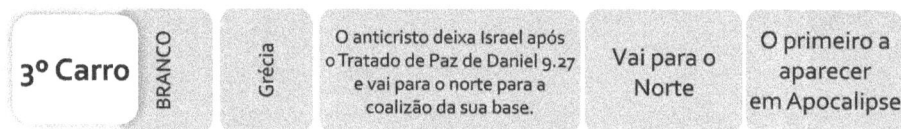

3º Carro	BRANCO	Grécia	O anticristo deixa Israel após o Tratado de Paz de Daniel 9.27 e vai para o norte para a coalizão da sua base.	Vai para o Norte	O primeiro a aparecer em Apocalipse

> *¹ Vi quando o Cordeiro abriu um dos sete selos e ouvi um dos quatro seres viventes dizendo, como se fosse voz de trovão: Vem!*
>
> *² Vi, então, e eis um cavalo branco e o seu cavaleiro, com um arco; e foi-lhe dada uma coroa; e ele saiu vencendo e para vencer.*

Apocalipse 6.1,2

A terra está em caos e confusão devido aos milhões (e, talvez, até mesmo bilhões) de santos que desapareceram no arrebatamento. É possível que o homem mais poderoso da terra, o presidente dos Estados Unidos, esteja entre os desaparecidos. A América tem sido a consciência do mundo. Não tem havido outra nação que se iguale a ela como pacificadora, agente de punição de nações perniciosas, e provedora de alimentos, socorro e medicamentos para os pobres. No avivamento que acompanha a guerra de Ezequiel, a maioria dos americanos deverá renovar seu compromisso com o Senhor Jesus. Portanto, é possível que duzentos milhões de americanos sejam levados no arrebatamento. (Esta é a nossa fervorosa oração.)

O mundo precisa de liderança. E ele se volta, em busca de ajuda, para o diplomata brilhante que fez o que ninguém mais foi capaz de fazer – trazer a paz ao Oriente Médio. Este homem, o anticristo, recebe um arco (poder militar), uma coroa e autoridade legal para assumir o poder no mundo árabe. Subindo de Jerusalém em direção ao norte, ele unifica as seguintes nações muçulmanas, que se encontram em caos pelos motivos abaixo:

Síria – devastada pela destruição de Damasco.

Iraque – ainda instável depois da Guerra do Golfo de 2003.

Irã e Turquia – estes países (assim como a Rússia, a Líbia e a Etiópia) terão perdido 84 por cento de seus jovens na guerra de Ezequiel. Nunca houve tamanha devastação nas guerras modernas.

> *¹... Eis que Eu sou contra ti, ó Gogue, príncipe de Rós, de Meseque e Tubal.*
> *² Far-te-ei que te volvas e te conduzirei, **e não deixarei mais do que a tua sexta parte...***

Ezequiel 39.1,2 – Versão King James (ênfase acrescentada)

Líbano – sob a influência do Irã e da Síria, o Líbano se unirá à coalizão por motivos de segurança.

Portanto, vemos o anticristo, um líder militar islâmico, saindo de Israel em direção ao norte, para criar uma aliança entres estes países: Líbano, Síria, Iraque e Turquia. Nos tempos antigos, esses países haviam muitas vezes sido parte de uma grande confederação conhecida como o "Crescente Fértil", onde muitas divindades eram adoradas. Abraão foi chamado para sair do Crescente Fértil para ser separado para Deus.

Acredito que o anticristo governará, a partir do Crescente Fértil, durante os primeiros três anos e meio da Grande Tribulação. Ele provavelmente passará muito tempo no centro de operações da

União Européia, que atualmente encontra-se em Bruxelas, na Bélgica.

Ele também terá uma "base principal", de onde realizará suas operações. Nos tempos antigos, as cidades líderes do Crescente Fértil eram Nínive e Babilônia. Babilônia será o centro do poder econômico durante o período da Tribulação, de acordo com Zacarias 5.5-11 e Apocalipse capítulo 18. Vale a pena ressaltar que os reis da Assíria, da Babilônia, da Pérsia e da Grécia, todos eles possuíam palácios na antiga cidade da Babilônia.

Alexandre o Grande, que conquistou o mundo conhecido, morreu na Babilônia. A Bíblia relaciona claramente o anticristo a esses quatro países. Ele é mencionado nas Escrituras como:

> O assírio – Miquéias 5.5,6
> O rei da Babilônia – Isaías 14.4
> Aquele que tem pés como de urso (implicitamente, persa) – Apocalipse 13.2
> Filho da Grécia – Zacarias 9.13

Concluo, portanto, que o cavaleiro do cavalo branco, o anticristo, conquista primeiramente o mundo árabe e estabelece o seu quartel-general na Babilônia.

Parte II – O Cavaleiro do Cavalo Vermelho

Antes de embarcarmos em uma explicação sobre o cavaleiro do cavalo vermelho, é importante compreender a história da religião monoteísta. A religião monoteísta é a fé em um único Deus. Existem apenas três religiões monoteístas: o Judaísmo, o Cristianismo e o Islamismo. Todas essas três religiões sustentam que Abraão é seu pai. Todas essas três religiões acreditam que um governante se levantará da sua religião no fim dos tempos para governar o mundo. Surpreendentemente, todas as três estão corretas, definindo o clímax da história humana!

A doutrina judaica afirma:

Creio, com fé absoluta, que o Messias virá.

A doutrina do Cristianismo diz:

Deus enviará Jesus, a quem o céu receberá até o tempo da restauração de todas as coisas (Atos 3.21).

A doutrina muçulmana afirma:

Lutem até que todos declarem que não há outro deus senão Alá, e que Maomé é seu profeta.

Além do mais, os muçulmanos estão esperando que um profeta islâmico saia do deserto nos últimos dias para liderar o mundo inteiro em direção à fé islâmica (vide página 40).

O Islã não abre espaço para concessões. O propósito declarado deles é a conquista do mundo. Todos os recentes memorandos do Al Quaeda divulgados em um web site islâmico intimam os muçulmanos a **"... voltarem ao caminho, a se separarem dos ímpios, a se tornarem seus inimigos e a lutarem a guerra santa contra eles por meio do dinheiro, da palavra e das armas. Esse inimigo precisa ser combatido, não há outro meio senão... erradicá-lo"**[12].

Minha opinião é de que judeus, cristãos e muçulmanos, todos verão seus heróis no palco central da história humana muito em breve. Primeiramente, o anticristo aparecerá como o cavaleiro do cavalo branco. Ele será um líder militar muçulmano. Sete anos depois, os judeus verão o Messias, quando Ele colocar os Seus pés no Monte das Oliveiras. Não será surpresa para aqueles que aceitarem a Jesus, depois do arrebatamento, o fato de que o Messias judaico não é outro senão o Senhor e Salvador Jesus Cristo.

Agora, vamos examinar o cavaleiro do cavalo vermelho.

1º Carro	VERMELHO	Babilônia (Iraque)	Levar uma espada (Islã) por toda a terra	Percorre toda a terra	O segundo a aparecer em Apocalipse

³ Quando abriu o segundo selo, ouvi o segundo ser vivente dizendo: Vem!
⁴ E saiu outro cavalo, vermelho; e ao seu cavaleiro, foi-lhe dado tirar a paz da terra para que os homens se matassem uns aos outros; também lhe foi dada uma grande espada.

Apocalipse 6.3,4

É interessante notar que o cavaleiro do cavalo vermelho é o único cavaleiro a quem é dada permissão para ir por toda a terra. Aproximadamente 1,5 bilhão dos 6 bilhões de pessoas que vivem hoje são muçulmanas. As mesquitas estão surgindo em países tradicionalmente cristãos em uma velocidade alarmante.

O martírio dos infiéis – aqueles que não aceitam Alá, e Maomé como seu profeta – tem sido historicamente uma forma aceitável de propagar o Islamismo. Assim, não nos surpreende ver que o cavaleiro do cavalo vermelho recebe uma "grande espada". Acredito que a "grande espada" representa o Islamismo e os fundamentalistas muçulmanos que propagam a sua fé por meio da espada. A decapitação tem sido há tempos o método de execução utilizado em culturas orientais. Os filisteus decapitaram o rei Saul (1 Samuel 31.9) e Herodes fez com que João Batista fosse decapitado (Mateus 14.8). Na história recente, Daniel Pearl, repórter judeu do New York Times, foi decapitado pelos paquistaneses em 2002. Desde 2002, dúzias de pessoas têm sido decapitadas pelos extremistas islâmicos. Portanto, não devemos nos surpreender ao saber que o martírio pela decapitação será usado contra os seguidores de Jesus durante o período da Tribulação:

⁴ Vi também tronos, e nestes sentaram-se aqueles aos quais foi dada autoridade de julgar. Vi ainda **as almas dos que foram decapitados** *por causa do testemunho de Jesus, bem como por causa da palavra de Deus, tantos quantos não adoraram a besta, nem tampouco a sua imagem, e não receberam a marca na fronte e na mão; e viveram e reinaram com Cristo durante mil anos.*

Apocalipse 20.4 (ênfase acrescentada)

O mundo esperava que o anticristo introduzisse uma era de paz e segurança. Ele foi quem arquitetou o brilhante plano de paz após a guerra de Ezequiel (vide página 64). Em vez disso, ele dá aos seus seguidores islâmicos permissão para irem por toda a terra, propagando a ideologia muçulmana pelo poder da espada. Portanto, não haverá paz. O grande apóstolo Paulo nos havia advertido previamente:

2 Pois vós mesmos estais inteirados com precisão de que o Dia do Senhor vem como ladrão de noite. 3 Quando andarem dizendo: **Paz e segurança, eis que lhes sobrevirá repentina destruição,** *como vêm as dores de parto à que está para dar à luz; e de nenhum modo escaparão.*

1 Tessalonicenses 5.2, 3 (ênfase acrescentada)

O cavaleiro do cavalo branco, o anticristo, vai para o norte. O cavaleiro do cavalo vermelho vai por todo o mundo. Em seguida, examinaremos o cavaleiro do cavalo preto, que também vai para o norte.

Parte III – O Cavaleiro do Cavalo Preto

2º Carro	PRETO	Medo-Pérsia (Irã)	Escassez e fome no Irã, na Rússia e em todos os países que combateram Israel na guerra descrita em Ezequiel	Vai para o norte	O terceiro a aparecer em Apocalipse

Vemos em Zacarias 6.6 que o cavaleiro do cavalo preto, na verdade, **precede** o anticristo (o cavaleiro do cavalo branco) para a terra do norte.

> *⁶ O carro em que estão os cavalos pretos sai para a terra do Norte; o dos brancos, após eles; o dos baios, para a terra do Sul.*

> Zacarias 6.6

Em outras palavras, a fome e a devastação já estão causando problemas graves no Irã antes que Jesus abra os selos. O antigo império medo-persa incluía o Irã, o Iraque, a Turquia e o sul da Rússia.

A devastação já havia se iniciado durante a guerra de Ezequiel (vide quadro na página 28). O Irã e os outros combatentes haviam sofrido baixas da ordem de 84 por cento de suas tropas naquela guerra.

> *¹ Tu, pois, ó filho do homem, profetiza ainda contra Gogue e dize: Assim diz o Senhor Deus: Eis que Eu sou contra ti, ó Gogue, príncipe de Rós, de Meseque e Tubal.*
> *² Far-te-ei que te volvas e te conduzirei, **e não deixarei mais do que a tua sexta parte**, far-te-ei subir dos lados do Norte e te trarei aos montes de Israel.*

> Ezequiel 39.1,2 – Versão King James (ênfase acrescentada)

Essas baixas tão elevadas ocorreram nos tempos do Antigo Testamento (Números 31.7; Josué 6.21; 1 Reis 11.15,16; 2 Reis 19.35).

Mas nunca, em um confronto militar moderno, uma nação havia perdido 5/6 de seus soldados. Deus parece ter punido não somente as forças armadas, mas também a cidade natal desses exércitos (Ezequiel 38.2 menciona que "Magogue" se refere à Rússia).

> *⁶ Meterei fogo em Magogue e nos que habitam seguros nas terras do mar; e saberão que Eu Sou o Senhor.*

Ezequiel 39.6

Examinemos o cavaleiro do cavalo preto de acordo com a tradução de Zacarias 6.8 fornecida por David Baron (vide página 45).

> Eis que aqueles que saíram para a terra do Norte fazem repousar a Minha ira na terra do Norte.

Na esfera espiritual, a guerra de Ezequiel havia sido precipitada pela união de dois espíritos extremamente poderosos e malignos: o Islamismo e o Comunismo. A ira de Deus havia repousado naqueles países cujos líderes abraçaram esses espíritos. Assim, esses países haviam colhido julgamento: o Irã, a Síria, a Turquia, a Rússia e possivelmente a Alemanha. Todas as nações acima, as terras do norte, foram baluartes do anti-semitismo durante gerações. Elas perseguiram o povo escolhido de Deus, a menina dos Seus olhos. Começando na guerra de Ezequiel, e prosseguindo durante toda a Grande Tribulação, elas colherão todo o mal que semearam.

João vê que o cavaleiro do cavalo preto, enviado para a terra do norte, traz uma balança em sua mão. A única mensagem direta ouvida por João durante o episódio dos quatro cavaleiros acontece quando o cavalo preto é liberado. João ouve uma voz que vem do céu. Vamos examinar o que ela diz:

> *⁶ E ouvi uma como que voz no meio dos quatro*
> *seres viventes dizendo: "Uma medida de trigo por*
> *um denário; três medidas de cevada por um denário;*
> *e não danifiques o azeite e o vinho".*

Apocalipse 6.6

Nos dias de João, um denário era o salário de um dia de um trabalhador. Essas palavras parecem implicar que será necessário o pagamento de um dia inteiro de trabalho para se comprar os alimentos básicos à sobrevivência. Na verdade, esse tipo de pobreza extrema já existe em alguns países do Terceiro Mundo.

Alguns estudiosos da Bíblia acreditam que as palavras "e não danifiques o azeite e o vinho" indicam que alguns, provavelmente a liderança desses países, viverão em luxo excessivo enquanto o seu povo sofre. Vimos um retrato claro desse cenário no Iraque de Saddam Hussein.

Temos, então, um panorama deplorável nos países ao norte de Israel. Escassez de comida, inanição que gera o aparecimento de doenças, dor inconsolável diante da perda de tantas vidas, e déficit da força de trabalho devido à

A união do...
Islamismo e do Comunismo

morte de militares. As condições são perfeitas para o aparecimento deste anti-herói semelhante a Hitler que cavalga para o norte. As pessoas sem dúvida estarão ansiosas para ouvir seu plano diabólico que as deixará poderosas e ricas novamente!

Parte IV – O Cavaleiro do Cavalo Verde (*)

4º Carro	BAIO (AMARELO) / VERDE	Roma	Recebe poder sobre ¼ da terra (o antigo IMPÉRIO ROMANO também dominou ¼ da terra). A dupla satânica, "a Morte e o Inferno", mata por meio da guerra, da fome, das bestas da terra e de seu próprio poder espiritual maligno.	Vai para o Sul	O quarto a aparecer em Apocalipse

Antes de tratarmos dos cavaleiros associados ao quarto e último cavalo, devemos esclarecer quem são eles. Seus nomes são Morte e Inferno, e eles aparecem juntos em toda a Bíblia.

Para compreendermos Morte e Inferno, precisamos compreender esta verdade:

Na Bíblia, o mesmo nome é dado muitas vezes a pessoas e a locais geográficos.

Assim, vemos que Morte e Inferno são espíritos malignos, e também um lugar para onde os espíritos vão.

A fim de ajudar a consolidar este conceito em nossa mente, examinaremos diversos exemplos no quadro a seguir.

NOME	REPRESENTA PESSOAS / ESPÍRITOS	REPRESENTA LOCAIS GEOGRÁFICOS
Jerusalém	Mateus 23.37 "Jerusalém, Jerusalém... quis Eu reunir os teus filhinhos."	João 5.1 "Jesus subiu para Jerusalém."
Israel	Mateus 2.6 "... que há de apascentar Meu povo, Israel."	Mateus 2.20 "... vai para a terra de Israel."

* amarelo, na versão Almeida Revista e Atualizada; pálido (pale), na versão King James; verde, segundo interpretação da autora a partir do original. (N.T)

NOME	REPRESENTA PESSOAS / ESPÍRITOS	REPRESENTA LOCAIS GEOGRÁFICOS
Noiva de Cristo	Apocalipse 19.7 "... são chegadas as bodas do Cordeiro, cuja esposa a si mesma já se ataviou."	Apocalipse 21.9,10 "Vem, mostrar-te-ei a Noiva, a esposa do Cordeiro... e me mostrou a santa cidade."
Morte e Inferno	Apocalipse 6.8 "... e o seu cavaleiro, sendo este chamado Morte, e o Inferno o estava seguindo."	Apocalipse 20.13 "... a Morte e o além [Inferno] entregaram os mortos que neles havia."

A Morte e o Inferno são vistos ao longo da Bíblia trabalhando juntos. O seu propósito é sempre destruir as almas dos homens. Presumimos que a Morte incentiva os seres humanos a permanecerem no pecado, até que ela as mata (Romanos 6. 21,23). Então o Inferno as recolhe no momento da morte e as leva para o inferno. Vamos examinar alguns dos atos nefastos da Morte e do Inferno:

1) Eles incitaram o demente rei Saul a tentar destruir Davi:

> *⁶ Cadeias infernais me cingiram, e tramas de morte me surpreenderam.*

2 Samuel 22.6

2) Eles persuadiram os governantes de Jerusalém a irem ao Egito em vez de irem a Jeová em busca de proteção:

> *¹⁴ Ouvi, pois, a palavra do Senhor, homens escarnecedores, que dominais este povo que está em Jerusalém.*
> *¹⁵ Porquanto dizeis: Fizemos aliança com a morte e com o além [inferno] fizemos acordo.*

Isaías 28.14,15 (inserção da tradutora)

3) Os babilônios fizeram um acordo com a Morte e com o Inferno. A Morte e o Inferno os ajudaram na destruição de Jerusalém em 586 a.C.:

> *5 "... cuja boca gananciosa se escancara como o sepulcro [Inferno] e é como a Morte, que não se farta; ele ajunta para si todas as nações e congrega todos os povos".*

> Habacuque 2.5 (idem)

4) O apóstolo Paulo cita a vitória final sobre eles em 1 Coríntios 15.55 (idem):

> *55 "Onde está, ó morte, a tua vitória? Onde está, ó morte [ó Hades] o teu aguilhão?"*

5) O próprio Jesus se refere a eles como um lugar:

> *18 "Sou Aquele que vive; estive morto, mas eis que estou vivo pelos séculos dos séculos, e tenho as chaves da Morte e do Inferno".*
> Apocalipse 1.18

Ao lermos Apocalipse 6.8, observamos que somente a Morte se senta no cavalo verde. O Inferno, ou Hades, o segue. Agora analisaremos a função deles, enquanto o julgamento do planeta Terra prossegue.

> *7 Quando o Cordeiro abriu o quarto selo, ouvi a voz do quarto ser vivente dizendo: Vem!*
> *8 E olhei, e eis um cavalo amarelo (verde), e o seu cavaleiro, sendo este chamado Morte; e o Inferno o estava seguindo, e foi-lhes dada autoridade sobre a quarta parte da terra para matar à espada, pela*

fome, com a mortandade e por meio das feras da terra.

Apocalipse 6.7,8 (parênteses da autora)

No início da Grande Tribulação, o Império Romano restaurado provavelmente aproximará as fronteiras da União Européia. Os europeus possuem uma mentalidade diferente da maneira de pensar independente dos americanos. Eles querem abrir mão da sua identidade nacional. Durante cinqüenta anos eles vêm se adaptando gradualmente à idéia de formar um único grupo visando este objetivo – ser o bloco político e econômico mais poderoso do mundo!

A Comunidade Econômica Européia foi fundada em 1957 por meio de um documento intitulado "Tratado de Roma". É minha opinião que o desejo de abrir mão da identidade nacional para revitalizar uma entidade política remota está sendo orientado por espíritos malignos. Poderiam esses espíritos malignos ser a Morte e o Inferno?

De acordo com Apocalipse 6.7, esses espíritos têm poder para matar à espada. Vemos esta espada como o poder militar e político. É interessante notar que as Nações Unidas transferiram a tarefa de policiar a Bósnia à União Européia em 1º de janeiro de 2003[13]. Além disso, em maio de 2003, a União Européia encomendou "180 jatos jumbo Airbus A400 para transporte militar com capacidade para deslocar até 20.000 tropas"[14].Enquanto escrevo este livro, uma poderosa máquina militar está sendo montada dentro da União Européia.

Uma poderosa máquina militar está sendo montada dentro da União Européia!

Como a Morte e o Inferno, os espíritos que acreditamos estarem governando a União Européia, "matarão pela fome" em Apocalipse 6.8? Para compreender esta manobra política, é necessário entender sobre os alimentos geneticamente modificados.

Alimentos geneticamente modificados – de forma pioneira pelos Estados Unidos – são alimentos que foram alterados cientificamente para resistirem a doenças e a insetos sem o uso excessivo de pesticidas. Geralmente, eles também são projetados para serem mais nutritivos. Aproximadamente sessenta a setenta por cento dos grãos exportados da América são geneticamente modificados[15].

Como parte de sua política ambiental radical de direita, a União Européia opõe-se a esses alimentos. Eles estão bloqueando a exportação de alimentos geneticamente modificados dos Estados Unidos, através das Nações Unidas, para os países do Terceiro Mundo. Assim vemos que a Morte e o Inferno já estão matando pela fome.

O profeta Daniel descreveu o Império Romano restaurado usando duas analogias separadas (vide páginas 32, 52 e 54). Como os pés da imagem de Nabucodonosor, vemos que:

> [40] *O quarto reino será forte como ferro; pois o ferro a tudo quebra e esmiúça; como o ferro quebra todas as coisas, assim ele fará em pedaços e esmiuçará.*

Daniel 2.40

Como a quarta grande besta em Daniel capítulo 7, ele o viu deste modo:

> [19] *Então, tive desejo de conhecer a verdade a respeito do quarto animal, que era diferente de todos os outros, muito terrível,* **cujos dentes eram de ferro, cujas unhas eram de bronze,** *que devorava, fazia em pedaços e pisava aos pés o que sobejava;*
> [20] *e também a respeito dos dez chifres que tinha na cabeça e do outro que subiu, diante do qual caíram três, daquele chifre que tinha olhos e uma boca que*

*falava com insolência e parecia mais robusto do
que os seus companheiros.*

Daniel 7.19,20 (ênfase acrescentada)

Observe que na imagem da grande besta seus dentes são de ferro, representando Roma. Suas unhas são de bronze, representando o anticristo siro-grego.

De acordo com o livro de Apocalipse, a primeira direção que o cavaleiro do cavalo verde toma é o sul. Lembre-se que as lutas dos tempos do fim são primeiramente uma batalha espiritual por riqueza e poder!

Após o arrebatamento, a terra estará em caos, pois bilhões de pessoas terão desaparecido. A América ficará extremamente enfraquecida, uma vez que dois terços de sua população foram para o céu (Esta é a minha fervorosa oração). O anticristo foi para o norte, como já vimos. Os europeus - o poder mundial dominante após o arrebatamento - vêem o poder do anticristo surgindo.

Para opor-se à fama dele, Roma volta-se para o sul para cortejar o Egito e o resto da África. É melhor que eles reúnam todo o poder que puderem para manterem a sua supremacia! O Egito, a Líbia e a Etiópia aliam-se a Roma, completando o renascimento do antigo Império Romano (É minha opinião que os três reis que o anticristo ataca e derrota na metade do período da Tribulação são três dos aliados islâmicos de Roma: Egito, Líbia e Etiópia. Convido os leitores a estudarem Daniel 11.40,42,43 em muitas traduções a fim de compreenderem este pensamento).

Concluo este capítulo com a liberação dos quatro cavaleiros, o início da era de sete anos conhecida como a Grande Tribulação. Incentivo o leitor a seguir em frente, lendo o que João, o apóstolo amado, foi tão diligente em registrar.

Iniciamos este capítulo com a terra em meio ao caos devido ao arrebatamento da Igreja. Caro leitor, você está pronto para o arrebatamento? Alguns responderão assim: "Não quero ser arrebatado. Gosto da minha vida como ela é". Mas a vida não continuará a ser do jeito que é.

Um dia, disseram às mulheres que elas podiam fazer um aborto no primeiro trimestre de gravidez, quando havia somente uma "massa de protoplasma" em seu útero. Hoje, os cérebros formados dos bebês são sugados para fora do canal vaginal durante o procedimento pelo qual são descartados.

Em outro tempo, o terrorismo ocorria em terras estranhas e distantes, entre pessoas não civilizadas. Hoje, ninguém está seguro em nenhum lugar, nem mesmo na América.

Em outro tempo, um roubo de banco gerava manchetes nos jornais locais. Hoje, os diretores executivos de empresas de alta tecnologia fraudam seus acionistas em bilhões de dólares.

Ninguém Está Seguro em Nenhum Lugar!

Em outros tempos, a prostituição era chamada de "crime sem vítimas". Hoje, o tráfico humano e a venda de crianças como escravas sexuais ocorre em todos os países, inclusive na América.

Em outros tempos, o que as pessoas faziam no quarto de suas casas, atrás de portas fechadas, era assunto delas. Hoje, essas mesmas pessoas fazem parte de desfiles grotescos nas nossas principais cidades, algemando-se e chicoteando-se mutuamente enquanto marcham.

Jesus preconizou que, no fim dos tempos, o mal se tornaria tão diabólico que todos seriam capazes de reconhecê-lo.

[24] Outra parábola lhes propôs, dizendo: O reino dos céus é semelhante a um homem que semeou boa semente no seu campo;

[25] mas, enquanto os homens dormiam, veio o inimigo dele, semeou o joio no meio do trigo e retirou-se.

[26] E, quando a erva cresceu e produziu fruto, apareceu também o joio.

[30] Deixai-os crescer juntos até à colheita, e, **no tempo da colheita, direi aos ceifeiros:**

ajuntai primeiro o joio, atai-o em feixes para ser queimado, mas o trigo, recolhei-o no Meu celeiro.

[39] *O inimigo que o semeou é o diabo;* **a ceifa é a consumação do século,** *e os ceifeiros são os anjos.*

Mateus 13.24-26,30,39 (ênfases acrescentadas)

Estamos agora no tempo da colheita, no tempo do fim. O joio está sendo atado em feixes, e este é o motivo pelo qual o pecado agora está tão aberto e ousado. **Você não poderá mais continuar com a sua vida confortável, mas pode passar a fazer parte da Igreja gloriosa.**

PARTE II

COMPREENDENDO O FIM DESTA ERA

CAPÍTULO 8

O FUTURO GLORIOSO DA IGREJA GLORIOSA

Deus vê três grupos de pessoas na terra: os judeus, as nações e a Igreja:

> *32 Não vos torneis causa de tropeço, nem para judeus, nem para gentios, nem tampouco para a Igreja de Deus.*

1 Coríntios 10.32

Muita confusão tem minado nossa compreensão acerca do papel da Igreja ao tentarmos encaixá-la no Antigo Testamento. É verdade que existem camadas de significados nas Escrituras, e podemos tomar posse deles em nossa caminhada de fé. Entretanto, o Antigo Testamento foi escrito primeiramente para os judeus e para as nações. O papel dos judeus será examinado em maiores detalhes no Capítulo 12. Para entender o destino das nações, examinemos as palavras do próprio Jesus. Na passagem a seguir, Ele se refere aos acontecimentos após Sua volta à Terra, no Armagedon, para salvar os judeus de serem aniquilados:

> *31 Quando vier o Filho do Homem na Sua majestade e todos os anjos com Ele, então, se assentará no trono da Sua glória;*
> *32 e todas as nações serão reunidas em Sua presença, e Ele separará uns dos outros, como o pastor separa dos cabritos as ovelhas;*
> *33 e porá as ovelhas à Sua direita, mas os cabritos, à esquerda;*

³⁴ então, dirá o Rei aos que estiverem à Sua direita: "Vinde, benditos de Meu Pai! Entrai na posse do reino que vos está preparado desde a fundação do mundo".

⁴¹ Então, o Rei dirá também aos que estiverem à Sua esquerda: "Apartai-vos de Mim, malditos, para o fogo eterno, preparado para o diabo e seus anjos".

Mateus 25.31-34,41

Assim, Jesus permitirá que as nações "ovelha" vivam na terra durante o Milênio. As nações "cabrito" irão para o inferno. O palco está sendo armado para a volta de Jesus no exato instante em que escrevo este livro. As nações estão se polarizando, para o bem ou para o mal. A prova dos nove, por assim dizer, é esta: Você ama a Deus e ao Seu povo escolhido, os judeus?

Aqueles que serão julgados como nações "ovelha" amarão e protegerão os judeus. As nações "cabrito" os odiarão e maltratarão.

Tanto o rei Davi quanto o seu líder de adoração, Asafe, receberam vislumbres do fim desta era. Eles devem ter tido conversas muito dramáticas ao compararem as anotações do que Deus lhes havia revelado!

O QUE O REI DAVI ESCREVEU:

¹ Por que se enfurecem os gentios [as nações], e os povos imaginam coisas [armam ciladas] vãs?
² Os reis da terra se levantam, e os príncipes conspiram contra o Senhor e contra o Seu Ungido, dizendo:
³ "Rompamos os seus laços e sacudamos de nós as suas algemas".

Salmo 2.1-3 (inserções da tradutora)

Hoje, quando os reis da terra (as Nações Unidas, a Confederação Árabe e a União Européia) se posicionam contra Deus e Israel, estão convidando os julgamentos de Deus a caírem sobre eles.

O QUE ASAFE ESCREVEU:

[1] Ó Deus, não Te cales; não te emudeças, nem fiques inativo, ó Deus!
[2] Os Teus inimigos se alvoroçam,
e os que Te odeiam levantam a cabeça.
[3] Tramam astutamente contra o Teu povo e conspiram contra os Teus protegidos.
[4] Dizem: **"Vinde, risquemo-los de entre as nações; e não haja mais memória do nome de Israel".**

Salmo 83.1-4 (ênfase acrescentada)

O fim definitivo daqueles que tentarem eliminar Israel como nação é serem seriamente disciplinados pelo próprio Jesus.

Amado leitor, se você entregar a sua vida a Jesus, poderá escapar da ira que está por vir. Aceitando a Jesus, você poderá se desembaraçar do grupo que se chama "as nações" e passar a fazer parte do grupo chamado "a Igreja". Ele mesmo declara o fim para

> **Deus não manda as pessoas para o inferno. As pessoas escolhem o inferno!**

aqueles que O rejeitarem: *"... a fornalha acesa; ali haverá choro e ranger de dentes"* (Mateus 13.42).

A resposta do mundo ecoa em alto e bom som: "Não quero servir a nenhum Deus que manda as pessoas para o inferno". Nem eu. **Deus não manda as pessoas para o inferno!** As pessoas escolhem o inferno. Deus é Espírito; Ele fez o homem à Sua imagem. Como Deus não pode ter fim, nós também não podemos. Você tem de viver perpetuamente, porque os espíritos nunca podem deixar de existir.

O Pai habita em um planeta maravilhoso chamado céu, com Seu Filho Jesus sentado à Sua mão direita. Todos lá têm uma morada (João 14.2), uma função, e uma "vida". Muito tempo no céu é dedicado a cultos de adoração, em louvor ao Pai e a Jesus. Você gostaria de fazer isso?

Se a sua resposta é um sonoro "Não, nunca!", então, amigo, você acaba de escolher o inferno. Existem apenas dois lugares para os espíritos irem ao deixarem o corpo.

O inferno não foi criado para você; ele foi criado para o diabo e seus anjos (Mateus 25.41). Entretanto, ele teve de ser ampliado para acomodar pessoas rebeldes (Isaías 5.14). Em última análise, você precisa escolher por si mesmo. Você não poderá comparecer perante Deus e dizer: "Senhor, eu não sabia". Pelo fato de você estar lendo este livro e por causa das muitas outras testemunhas que Deus enviou para a sua vida, você sabe! O que você poderá dizer é: "Senhor, eu decidi não acreditar". Caro amigo, eu o intimo ardentemente, não escolha esse caminho.

> [19] *... te propus a vida e a morte, a bênção e a maldição;* **escolhe, pois, a vida***, para que vivas, tu e a tua descendência.*
> [20] **amando o Senhor, teu Deus***, dando ouvidos à Sua voz e apegando-te a Ele; pois disto depende a tua vida e a tua longevidade...*

Deuteronômio 30.19,20 (ênfase acrescentada)

E agora, querido leitor, prepare-se para examinar o futuro da Igreja gloriosa. Existem três estradas possíveis por onde você pode viajar enquanto ainda vive no planeta Terra. Você só pode pertencer a um grupo: os judeus, as nações, ou a Igreja (1 Coríntios 10.32). Se você escolher fazer parte da Igreja, eis o seu destino:

1. Alcançar mais alegria e poder enquanto cresce em amor e aprende a tomar posse do que Jesus morreu para lhe dar (vide página 181 deste livro).
2. Ser arrebatado antes que a Tribulação tenha início.
3. Desfrutar da celebração dos sete anos no céu, enquanto a terra está sendo julgada.
4. Governar e reinar sobre todo o universo com Jesus para sempre (Mateus 24.47; Apocalipse 21.7).

o aRRebataMento da IGReja

Jesus falou sobre o arrebatamento da Igreja diversas vezes.

> *40 De fato, a vontade de Meu Pai é que todo homem que vir o Filho e nele crer tenha a vida eterna;* **e eu o ressuscitarei no último dia.**

João 6.40 (ênfase acrescentada)

Ele nos intima a orar, para que possamos escapar da Tribulação.

> *36 Vigiai, pois, a todo tempo, orando,* **para que possais escapar** *de todas estas coisas que têm de suceder* **e estar em pé na presença do Filho do Homem.**

Lucas 21.36 (ênfase acrescentada)

Algumas vezes os discípulos não conseguiam captar tudo o que Jesus lhes ensinava. Jesus os direcionou claramente a levarem o Evangelho por todo o mundo, por exemplo.

¹⁵ E disse-lhes: "Ide por todo o mundo e pregai o
evangelho a toda criatura".

Marcos 16.15

Entretanto, somente depois que Pedro viu o lençol com os animais impuros e foi até a casa de Cornélio em Atos 10.45 foi que eles compreenderam esta verdade.

Do mesmo modo, embora Jesus houvesse ensinado acerca do arrebatamento da Igreja antes da Tribulação, os discípulos pareciam não entender.

Deus permitiu que o grande apóstolo Paulo relatasse claramente a doutrina do arrebatamento da Igreja. No quadro abaixo, encontra-se uma descrição por ordem cronológica de alguns acontecimentos na vida de Paulo relacionados aos seus ensinos sobre o arrebatamento.

Jesus Crucificado	Paulo Salvo na Estrada para Damasco	Paulo Escreve Tessalonicenses 1 e 2	Paulo Escreve 1 Coríntios	Paulo Martirizado em Roma
32 d.C.	35 d.C.	50 d.C.	56 d.C.	66-67 d.C.

Os livros de Tessalonicenses foram as primeiras epístolas a serem escritas. Isso faz da doutrina do arrebatamento uma das crenças mais antigas do Cristianismo!

1. Paulo viu Jesus em visões (Atos 22.18; Atos 26.12-18)
2. Paulo visitou o céu (2 Coríntios 12.2)
3. Paulo aprendeu sobre comunhão diretamente com Jesus (1 Coríntios 11.23).

Agora estudaremos exatamente o que Paulo revelou à Igreja Primitiva na primeira carta que escreveu em 50 d.C., com relação ao arrebatamento da Igreja.

> *¹⁴ Pois, se cremos que Jesus morreu e ressuscitou, assim também Deus, mediante Jesus, trará, em Sua companhia, **os que dormem**.*
> *¹⁵ Ora, ainda vos declaramos, por palavra do Senhor, isto: nós, os vivos, os que ficarmos até à vinda do Senhor, **de modo algum precederemos os que dormem**.*
> *¹⁶ Porquanto o Senhor mesmo, dada a Sua palavra de ordem, ouvida a voz do arcanjo, e ressoada a trombeta de Deus, descerá dos céus, e os mortos em Cristo ressuscitarão primeiro;*
> *¹⁷ **depois, nós, os vivos, os que ficarmos, seremos arrebatados juntamente com eles, entre nuvens, para o encontro do Senhor nos ares,** e, assim, estaremos para sempre com o Senhor.*

1 Tessalonicenses 4.14-17 (ênfase acrescentada)

(Paulo usa a palavra "dormir" em vez da desagradável palavra "morrer", assim como em inglês é usada a expressão "pass away", isto é, partir).

No próximo capítulo, ele os adverte que o Dia do Senhor (A Grande Tribulação) virá de surpresa para as nações.

> *¹ Irmãos, relativamente aos tempos e às épocas, não há necessidade de que eu vos escreva;*
> *² pois vós mesmos estais inteirados com precisão de que o Dia do Senhor vem como ladrão de noite.*
> *³ Quando andarem dizendo: Paz e segurança, eis que lhes sobrevirá repentina destruição, como vêm*

as dores de parto à que está para dar à luz; e de nenhum modo escaparão.

⁴ Mas vós, irmãos, não estais em trevas, para que esse Dia como ladrão vos apanhe de surpresa;

⁹ porque Deus não nos destinou para a ira, mas para alcançar a salvação mediante nosso Senhor Jesus Cristo.

¹⁰ que morreu por nós para que, quer vigiemos, quer durmamos, vivamos em união com Ele.

1 Tessalonicenses 5.1-4; 9,10 (ênfase acrescentada)

Nas Escrituras acima, temos um exemplo do semeador (Deus Pai) semeando a semente (a doutrina do arrebatamento). De acordo com Marcos 4.15, *"... vem Satanás e tira a palavra semeada neles"*. Foi exatamente isto o que aconteceu em Tessalônica! De imediato, Satanás enviou falsos mestres à Igreja de Tessalônica para roubar esta doutrina do arrebatamento. Logo que foi possível, também em 50 d.C., Paulo escreveu 2 Tessalonicenses para colocar a Igreja de volta nos trilhos. Ele refuta uma doutrina mentirosa, introduzida *"por espírito* (implicitamente por espíritos falsos) *ou por palavra ou carta"*, de que o Dia do Senhor já havia chegado.

¹ Irmãos, no que diz respeito à vinda de nosso Senhor Jesus Cristo e à nossa reunião com Ele, nós vos exortamos.

² a que não vos demovais da vossa mente, com facilidade, nem vos perturbeis, quer por espírito, quer por palavra, quer por epístola, como se procedesse de nós, supondo tenha cegado o Dia do Senhor.

*³ Ninguém de nenhum modo vos engane, **porque isto não acontecerá sem que primeiro venha a apostasia e seja revelado o***

homem da iniqüidade, o filho da perdição,

⁴ o qual se opõe e se levanta contra tudo que se chama Deus ou é objeto de culto, a ponto de assentar-se no santuário de Deus, ostentando-se como se fosse o próprio Deus.

2 Tessalonicenses 2.1-4 (ênfase acrescentada)

Depois de Paulo ter corrigido a Igreja na segunda carta, o arrebatamento tornou-se uma "doutrina estabelecida" e prevaleceu como verdade até o século IV d.C. Naquele tempo, começaram a surgir diversas doutrinas falsas que ainda prevalecem na Igreja hoje.

Paulo abordou a doutrina do arrebatamento novamente em 56 d.C. Em 1 Coríntios 15, ele expõe de forma erudita o tema geral da ressurreição. Primeiramente, discursa de forma eloqüente sobre Nosso Senhor ressuscitado. Então, discorre sobre a ressurreição dos santos mortos, desenvolvendo o tema "fim dos tempos" num clima de grande e eletrizante mistério!

⁵¹ **Eis que vos digo um mistério: nem todos dormiremos, mas transformados seremos todos.**
⁵² Num momento, num abrir e fechar de olhos, ao ressoar da última trombeta. A trombeta soará, **os mortos ressuscitarão incorruptíveis, e nós seremos transformados.**
⁵³ Porque é necessário que este corpo corruptível se revista da incorruptibilidade, e que o corpo mortal se revista da imortalidade.
⁵⁴ E, quando este corpo corruptível se revestir de incorruptibilidade, e o que é mortal se revestir de imortalidade, então, se cumprirá a palavra que está escrita: "Tragada foi a morte pela vitória".

1 Coríntios 15.51-54 (ênfases acrescentadas)

(Mais uma vez, Paulo usa a palavra "dormir", em vez de "morrer", assim como hoje em dia usamos, em inglês, a expressão "pass away" – partir).

Para consolidar ainda mais o conceito do arrebatamento em nossa mente, faremos uma comparação entre os ensinos do Novo Testamento e os escritos de Isaías. Os eruditos se referem aos capítulos 24 a 27 de Isaías como o "Pequeno Apocalipse". Não nos

> **Não nos surpreende encontrar a doutrina do arrebatamento no Antigo Testamento**

surpreende encontrar a doutrina do arrebatamento no Antigo Testamento; os santos do AT se unirão a nós no arrebatamento.

VERDADE DOUTRINÁRIA	LIVRO DE ISAÍAS	NOVO TESTAMENTO
Os justos mortos viverão	Os vossos mortos ("os santos do Antigo Testamento) e também o meu cadáver ("de Cristo) viverão e ressuscitarão. Isaías 26.19	Os mortos em Cristo ressuscitarão primeiro. 1 Tessalonicenses 4.16 Os mortos ressuscitarão incorruptíveis... 1 Coríntios 15.52
Deus chama os crentes que ainda vivem	Vem, povo Meu. Isaías 26.20	Sobe para aqui Apocalipse 4.1 Subi para aqui Apocalipse 11.12
Há uma porta aberta no céu	E fecha as tuas portas sobre ti Isaías 26.20" "	Depois destas coisas, olhei, e eis não somente uma porta aberta no céu Apocalipse 4.1

VERDADE DOUTRINÁRIA	LIVRO DE ISAÍAS	NOVO TESTAMENTO
Deus protege os justos da ira	Esconde-te só por um momento, até que passe a ira Isaías 26.20	Vigiai, pois, a todo tempo, orando, para que possais escapar de todas estas coisas que têm de suceder e estar em pé na presença do filho do Homem. Lucas 21.36

* Opinião da autora.
* * Outra passagem que se refere à porta que é fechada após o arrebatamento pode ser encontrada em Mateus 25.10 (vide página 98).

A CEIA DAS BODAS DO CORDEIRO

Quando Jesus viveu na terra, era costume judaico a noiva, após o casamento, ir morar na casa de seu sogro. Antes do casamento, era necessário que o noivo anexasse à casa de seu pai um local de habitação adequado. Jesus está atualmente cumprindo o papel de nosso Noivo.

> *2 Na casa de Meu Pai há muitas moradas. Se assim não fora, eu vo-lo teria dito. Pois* **vou preparar-vos lugar.**
> *3 E quando Eu for e vos preparar lugar,* **voltarei e vos receberei para Mim mesmo,** *para que, onde Eu estou, estejais vós também.*

João 14.2,3 (ênfases acrescentadas)

O apóstolo Paulo explicou mais adiante que estamos unidos com Jesus em uma união espiritual, ou casamento.

²⁴ Como, porém, a Igreja está sujeita a Cristo...

²⁷ para a apresentar a Si mesmo Igreja gloriosa, sem mácula, nem ruga, nem coisa semelhante, porém santa e sem defeito.

³⁰ porque somos membros do Seu corpo.
*³¹ Eis porque deixará o homem a seu pai e a sua mãe e se unirá à sua mulher, **e serão os dois uma só carne.***
*³² **Grande é este mistério, mas eu me refiro a Cristo e à Igreja.***

Efésios 5.24,27,30-32 (ênfase acrescentada)

Na passagem abaixo, a Bíblia declara nitidamente que receberemos a nossa recompensa no céu, enquanto as nações estarão sendo julgadas na terra (vide também 2 Timóteo 4.8).

¹⁷ ... dizendo: Graças Te damos, Senhor Deus Todo-Poderoso, que és e que eras, porque assumiste o Teu grande poder e passaste a reinar.
*¹⁸ Na verdade, as nações se enfureceram; chegou, porém, a Tua ira, e o tempo determinado para serem julgados os mortos, **para se dar o galardão aos Teus servos, os profetas, aos santos que temem o Teu Nome,** tanto aos pequenos como aos grandes, e para destruíres os que destroem a terra.*

Apocalipse 11.17,18 (ênfase acrescentada)

Observe este fato assustador. Na parábola das Bodas abaixo, Jesus parece indicar que somente 50 por cento dos cristãos professos serão arrebatados.

¹ *Então o reino dos céus será semelhante a dez virgens que, tomando as suas lâmpadas, saíram a encontrar-se com o noivo.*

² **Cinco dentre elas eram néscias, e cinco, prudentes.**

³ **As néscias**, *ao tomarem as suas lâmpadas*, **não levaram azeite consigo;**

⁴ *no entanto,* **as prudentes, além das lâmpadas, levaram azeite nas vasilhas.**

⁵ *E, tardando o noivo, foram todas tomadas de sono e adormeceram.*

⁶ *Mas, à meia-noite, ouviu-se um grito: "Eis o noivo! Saí ao seu encontro!"*

⁷ *Então, se levantaram todas aquelas virgens e prepararam as suas lâmpadas.*

⁸ *E as néscias disseram às prudentes: "Dai-nos do vosso azeite, porque as nossas lâmpadas estão-se apagando".*

⁹ *Mas as prudentes responderam: "Não, para que não nos falte a nós e a vós outras! Ide, antes, aos que o vendem e comprai-o".*

¹⁰ *E, saindo elas para comprar, chegou o noivo,* **e as que estavam apercebidas entraram com Ele para as bodas; e fechou-se a porta.**

¹¹ **Mais tarde, chegaram as virgens néscias,** *clamando: Senhor, senhor, abre-nos a porta!*

¹² *Mas Ele respondeu:* **"Em verdade vos digo que não vos conheço".**

Mateus 25.1-12 (ênfases acrescentadas)

Apenas três versículos antes do arrebatamento, que ocorre em Apocalipse 4.1, Jesus faz um convite final para as bodas do Cordeiro.

> *²⁰ Eis que estou à porta e bato; se alguém ouvir a Minha voz e abrir a porta, entrarei em sua casa e* **cearei com ele, e ele comigo.**

Apocalipse 3.20 (ênfase acrescentada)

Aqueles que declaram ser cristãos, mas não são, encontram-se relacionados no livro de Apocalipse. Eles incluem os seguintes grupos de "cristãos professos" que Jesus disse que precisam se arrepender:

1. Os que perderam o seu amor por Jesus (Apocalipse 2.4).
2. Os que toleram a imoralidade, a idolatria e/ou a heresia (Apocalipse 2.14,20).
3. Os que estão (espiritualmente) mortos (Apocalipse 3.2).
4. Os que são mornos e colocam a sua confiança no dinheiro (Apocalipse 3.15, 17).

> **Observe este fato assustador... Jesus parece indicar que somente 50 por cento dos cristãos professos serão arrebatados!**

5. Os que abraçaram uma teologia alternativa. Em sua teologia, eles dizem que são "Sião". Jesus diz que eles são "sinagoga de Satanás" (Apocalipse 3.9).

Depois do arrebatamento, os cristãos que não forem arrebatados serão classificados em dois grupos:

1. Aqueles que reconhecem que estavam em pecado. Eles se arrependerão e formarão a "Igreja subterrânea" da Tribulação. Eles se unirão aos judeus para ganhar os perdidos. Sofrerão enormemente e muitos serão martirizados (Apocalipse 6.9-11; 20.4).
2. Aqueles que se recusam a reconhecer o seu pecado. Eles formarão a igreja apóstata profetizada por Paulo (2 Timóteo

4.3,4). A igreja apóstata é examinada detalhadamente no Capítulo 11.

Para darmos prosseguimento ao paradigma do Noivo, observe que Jesus identificou-se como o nosso Noivo logo no início do Seu ministério.

> [19] *Respondeu-lhes Jesus: Podem, porventura, jejuar os convidados para o casamento, enquanto o noivo está com eles? Durante o tempo em que estiver presente o noivo, não podem jejuar.*
> [20] *Dias virão, contudo, em que lhes será tirado o noivo; e, nesse tempo, jejuarão.*
>
> Marcos 2.19,20

Enquanto escrevo este livro, o chamado de Jesus à Igreja, "Subi para aqui", está apenas a alguns curtos anos de distância. O conhecimento por revelação desse acontecimento santo está sendo derramado sobre a Igreja, pelo Espírito Santo, em toda a terra. Nossos espíritos se elevam à medida que esse tempo empolgante se aproxima...

> [7] *Alegremo-nos, exultemos e demos-lhe a glória, porque são chegadas as bodas do Cordeiro,* **cuja esposa a si mesma já se ataviou,**
> [8] *pois lhe foi dado vestir-se de linho finíssimo, resplandecente e puro. Porque o linho finíssimo são os atos de justiça dos santos.*
> [9] *Então, me falou o anjo: Escreve:* **Bem-aventurados aqueles que são chamados à ceia das bodas do Cordeiro.** *E acrescentou: São estas as verdadeiras palavras de Deus.*
>
> Apocalipse 19.7-9

Santos de Deus, minha visão é de que somos a geração que ouvirá as palavras "Subi para aqui". Somos a geração que a morte não pode destruir! A Igreja tem um futuro glorioso, e nós o estamos cumprindo nesta hora. Eis o que está decretado para nós:

1. Sermos santos, sem mancha ou ruga.

2. Levarmos milhões, e até bilhões de pessoas, ao Senhor Jesus.

3. Partirmos em vitória, e encontrarmos o Senhor nos ares.

4. Daí em diante, estarmos com o Senhor para sempre!

**"...cuja esposa
a si mesma já
se ataviou [Aprontou]".
Apocalipse 19.7**

CAPÍTULO 9
OS DEZ REIS QUE GOVERNAM O MUNDO

A crença de que a presente era será concluída com dez reis governando o mundo tem sido aceita pelos estudiosos da Bíblia desde a antigüidade. O profeta Daniel fez alusão aos dez reis pela primeira vez no livro de Daniel, escrito por volta de 600 a.C. Há os dez artelhos da imagem de Nabucodonosor em Daniel capítulo 2. Setecentos anos mais tarde, João falou sobre eles em Apocalipse. Eles são retratados aqui como os dez chifres (Apocalipse 12.3; 13.1). Dos dez reis, vamos expor oito que as Escrituras identificam claramente. Antes de começarmos, é importante compreender que para Jeová, Israel é o centro da terra (Ezequiel 5.5). Toda a história humana gira em torno desta Terra Santa. No final, quem quer que derrote Jerusalém governará o mundo.

Portanto, para entender quem são esses reis, precisamos responder a esta pergunta:

Quais foram os sete reinos que oprimiram Israel através da história?

7 Reinos Gentílicos

Egito – Assíria – Babilônia – Medo-Pérsia – Grécia – Roma – Roma Restaurada

Observe, nas passagens a seguir, que os dez chifres (dez reis) **saem das sete cabeças** (reinos que oprimiam Israel).

Satanás é... *um dragão grande, vermelho,* **com sete cabeças, dez chifres**, *e, nas cabeças,* **sete diademas,** Apocalipse 12.3 (ênfases acrescentadas).

A descrição do anticristo é esta: *"Vi emergir do mar uma besta que tinha* **dez chifres e sete cabeças**, *e, sobre os chifres,* **dez diademas...** Apocalipse 13,1 (ênfases acrescentadas).

Uma vez que os dez chifres estão nas sete cabeças, podemos concluir com segurança que os dez reis saem das sete cabeças. As sete cabeças são: Egito, Assíria, Babilônia, Medo-Pérsia, Grécia, Roma e Roma Restaurada.

Os dez chifres são líderes do Império Romano restaurado. Eles só governarão o mundo durante o reinado do anticristo, a segunda metade da Tribulação.

Quatro das nações acima também governaram e/ou dominaram Jerusalém. O livro de Daniel define o papel delas detalhadamente por meio de diversas imagens. Podemos vê-las como os quatro metais na imagem de Nabucodonosor em Daniel 2, e as quatro grandes bestas de Daniel 7.

Veja o quadro a seguir e compare a imagem de Daniel 2 com as grandes bestas de Daniel 7 e os países que cada uma delas representa.

PAÍS	IMAGEM DE NABUCODONOSOR (DANIEL 2)	QUATRO GRANDES BESTAS (DANIEL 7)
Babilônia (Iraque)	Cabeça – ouro	Leão
Medo-Pérsia (Irã)	Peito e braços – prata	Urso
Grécia	Ventre e coxas – bronze	Leopardo
Roma	Pernas – Ferro Pés e artelhos – ferro e barro	Besta terrível

Essas quatro nações também são representadas pelos quatro carros de Zacarias e pelos quatro cavaleiros de Apocalipse 6. Elas serão alvo de grande julgamento por causa do tratamento dispensado ao povo escolhido de Deus, os judeus. Mas antes que sejam julgadas, elas também enviarão diversas desgraças físicas aos crentes e aos judeus que estiverem na terra durante a Tribulação. Para termos um panorama geral das coisas que estão por vir, vamos dar uma olhada mais de perto nos pés de ferro e barro, e depois na besta terrível.

Os dez artelhos de ferro e barro representam os dez últimos reis:

> ⁴¹ *Quanto ao que viste dos pés e dos artelhos, em parte, de barro de oleiro, e, em parte, de ferro,* **será esse um reino dividido**; *contudo, haverá nele alguma coisa da firmeza do ferro, pois que viste o ferro misturado com barro de lodo.*
> ⁴² *Como os artelhos dos pés eram, em parte, de ferro, e, em parte, de barro, assim, por uma parte, o reino será forte, e, por outra, será frágil.*
> ⁴³ *Quanto ao que viste do* **ferro misturado com barro de lodo**, *misturar-se-ão mediante casamento,* **mas não se ligarão um ao outro**, *assim como o ferro não se mistura com o barro.*

Daniel 2.41-43 (ênfases acrescentadas)

"Será esse um reino dividido" (Daniel 2.41), mas *"não se ligarão um ao outro"* (Daniel 2.43).

O ferro nos pés e artelhos deve ser o Império Romano restaurado. As pernas de ferro eram o antigo Império Romano. O ferro nos pés representa as democracias da União Européia.

Os "pés" de ferro e barro governam durante os primeiros três anos e meio da Tribulação. A União Européia domina o mundo e possui muitos membros. O barro é o Islamismo. **Os "artelhos" de ferro e barro** são os dez reis. Eles só governam durante os outros três anos e meio da Tribulação, com a besta. Eles recebem autoridade por uma hora (Apocalipse 17.12).

O barro, ou o Islamismo, é descrito na versão King James como "parcialmente quebrado" (Daniel 2.42). Isso pode simbolizar a falta de unidade entre os muçulmanos xiitas e sunitas, ou pode ilustrar que o anticristo precisa "quebrar" três nações islâmicas, o Egito, a Líbia e a Etiópia, antes que elas o sigam (Daniel 11.43).

OS PÉS DE FERRO E BARRO

SUBSTÂNCIA	REPRESENTA	DANIEL 2.42
Ferro	Império Romano Democrático Restaurado / Igreja Apóstata	Forte
Barro	Ditadura / Islamismo	Quebrado (Versão King James)

O Cristianismo (pés de ferro), que se alinha com o Islamismo (pés de barro), é na verdade a igreja apóstata. Mesmo na apostasia, eles não conseguem misturar com facilidade a sua doutrina com as crenças dos muçulmanos. Assim, como vemos no Capítulo 11 deste livro, a igreja apóstata é devorada pelo fogo depois de três anos e meio de Tribulação.

Agora, vamos examinar a besta terrível.

> [7] *Depois disto, eu continuava olhando nas visões da noite, e eis aqui o quarto animal terrível, espantoso e sobremodo forte, o qual tinha grandes dentes de ferro; ele devorava, e fazia em pedaços, e pisava aos pés o que sobejava; era diferente de todos os animais que apareceram antes dele* **e tinha dez chifres**.
>
> Daniel 7.7 (ênfase acrescentada)

Sou da opinião de que a União Européia está emergindo como a besta terrível no exato instante em que escrevo este livro. Daniel prossegue com a descrição.

> [23] *Então ele disse: "O quarto animal será um quarto reino na terra, o qual será diferente de todos os reinos;* **e devorará toda a terra**, *e a pisará aos pés, e a fará em pedaços.* [24] *Os dez chifres correspondem a dez reis* **que se levantarão daquele mesmo reino**; *e, depois deles, se levantará outro, o qual será diferente dos primeiros,* **e abaterá a três reis".**

Daniel 7.23,24 (ênfases acrescentadas)

A Bíblia não diz que os dez reis serão uma confederação de dez nações, como alguns pensaram. **Em vez disso, a Bíblia diz que dez reis "se levantarão" do quarto reino** (Daniel 7.24). Este reino é "diferente" de todos os outros reinos. É possível que "diferente" signifique muitas nações diferentes governadas por uma constituição, a União Européia? **Observe que o número total de reis do quarto reino não é dado na Bíblia.**

Três desses reis serão subjugados na metade da Tribulação. Então, "depois deles, outro se levantará", o anticristo. **Ele não é um dos dez reis originais.** Finalmente, a besta "devorará toda a terra". Outra passagem do livro de Apocalipse confirma os nossos piores temores. Esta será, realmente, uma ditadura global.

> [7] *Foi-lhe dado, também, que pelejasse contra os santos e os vencesse. Deu-se-lhe ainda autoridade sobre* **cada tribo, povo, língua e nação.**

Apocalipse 13.7 (ênfase acrescentada)

Entretanto, a Palavra também ensina que alguns países escaparão do seu domínio (Daniel 11.41), e que alguns se rebelarão contra ele (Daniel 11.44). Muitos dos que não sucumbirem pagarão com suas vidas (Apocalipse 20.4). É um pequeno preço a pagar pela vida eterna.

Agora, vamos dirigir nossa atenção aos três reis que devem ser subjugados. Eles lançaram a sua sorte com a União Européia no início da Tribulação (vide página 80).

No entanto, o anticristo não assumirá o poder até a metade da Tribulação. A duração do seu reinado de terror será de apenas quarenta e quatro meses (Apocalipse 13.5).

Daniel 11 descreve os acontecimentos que se desenrolarão na metade da Tribulação, quando o anticristo assume o poder e subjuga três reis:

> *[40] No tempo do fim, o rei do Sul lutará com ele, e o rei do Norte arremeterá contra ele com carros, cavaleiros e com muitos navios, e entrará nas suas terras, e as inundará, e passará.*
>
> *[41] Ele (o anticristo) entrará também na terra gloriosa (Israel), e muitos sucumbirão, mas do seu poder escaparão estes: Edom e Moabe, e as primícias dos filhos de Amom (Jordânia).*
>
> *[42] Estenderá a mão também contra as terras, e a terra do Egito não escapará.*
>
> *[43] Apoderar-se-á dos tesouros de ouro e de prata e de todas as coisas preciosas do Egito; os líbios e os etíopes o seguirão.*

Daniel 11.40-43
(os parênteses são interpretação da autora)

Portanto, concluímos que os três reis que são coagidos a seguirem o anticristo são o Egito, a Etiópia e a Líbia. É nossa teoria, não provada, que esses estados islâmicos convictos, comprometidos com Alá, não se agradarão da exigência do anticristo de que agora eles terão de adorá-lo.

Vamos agora nos aprofundar nas informações que compilamos.

1. Queremos identificar os dez reis.
2. Os dez artelhos da imagem de Nabucodonosor representam esses reis. Uma vez que cada pé possui dez artelhos, cada metade do Império Romano representa cinco reis. Dividimos o reino a partir da localização de Israel. Geograficamente, cinco reis reinarão de países ao oriente de Israel; cinco reis reinarão de países ao ocidente de Israel.
3. Haverá ditaduras islâmicas e democracias da União Européia tanto no Ocidente quanto no Oriente. **Isso deve ser verdadeiro porque os dois pés são parte de ferro e parte de barro** (Daniel 2.41-43).
4. Seis dos reis estão identificados como: Egito, Assíria, Babilônia, Medo-Pérsia, Grécia e Roma (ver página 103).
5. Três reis devem ser subjugados. Eles são: o Egito, a Líbia e a Etiópia (A Etiópia bíblica pode ser o Sudão dos dias atuais. Observe que o Egito é mencionado em ambas as listas).

Com base no exposto acima, concluo que a Bíblia nos dá oito dos dez reis que governarão no final dos tempos. Eles são:

Reis Ocidentais	Reis Orientais
Roma (Itália)	Egito
Grécia	Assíria (Síria e Turquia)
Líbia	Babilônia (Iraque)
	Medo-Pérsia (Irã)
	Etiópia

Em nome da honestidade intelectual, devemos admitir que a maior parte do Irã não era considerada parte do Império Romano, embora as fronteiras fossem indefinidas. O antigo Império Persa era particularmente considerado um aliado de Roma. No entanto, por ser ele um dos sete impérios antigos (uma das sete cabeças) dos quais os dez chifres sairão, decidi incluí-lo.

O antigo Império Assírio incluía partes da Síria, da Turquia, do Iraque e do Irã. Uma vez que relacionamos o Iraque e o Irã como dois desses reis, vamos nos concentrar aqui na Turquia e na Síria. É minha opinião que a Turquia será um dos dez reis. Agora, vamos examinar o anticristo, também da Assíria:

> [24] *... se levantará outro, o qual será diferente dos primeiros...*

Daniel 7.24

Este rei, o anticristo, se levantará do Império Assírio (Miquéias 5.5,6). Ele será originário da Síria e finalmente governará sobre os dez reis (ver página 36).

Do lado ocidental do império, dois dos reis não estão relacionados na Bíblia, tanto quanto posso afirmar. A maioria dos eruditos acredita que o Império Romano restaurado aproximará as fronteiras do antigo Império Romano.

"A Alemanha pode não ser um desses dez reis..."

Para compreender o Império Romano emergente (também chamado de União Européia), vamos examinar as palavras do Dr. Billye Brim: "A União Européia possui uma orientação franco-germânica. Elas são as grandes vozes da União Européia, de forma que o que a França e a Alemanha manifestam é o que irá ocorrer de forma generalizada por toda a União Européia"[16].

À primeira vista, somos tentados a relacionar a França e a Alemanha como os outros dois reis ocidentais. Há uma dificuldade com relação à Alemanha. Eles não eram nem parte do antigo Império Romano, nem aliados. Roma tentou dominar os alemães e fracassou. Portanto, decidi omitir a Alemanha como um dos reis ocidentais. Duas possíveis razões pelas quais a agora poderosa Alemanha pode não ser um desses dez reis são as seguintes:

1. Tendo perdido oitenta e quatro por cento de seus soldados na guerra de Ezequiel, ela ficou extremamente enfraquecida (ver página 74).

2. Deus escolheu poupar a terra natal de Martinho Lutero, fundador do movimento Protestante.

Portanto, considero candidatos a serem os outros dois reis ocidentais os seguintes países: França, Inglaterra, Espanha ou Bélgica. Se tivesse de escolher, eu optaria por Espanha e França.

Na Idade Média, a difusão do Islamismo pelo norte da África e pela Europa parou na Espanha. Desde então, os muçulmanos desejaram retomar a iniciativa e controlar toda a Península Ibérica. Em 2004, terroristas muçulmanos bombardearam vagões ferroviários em Madri pouco antes das eleições nacionais. O conseqüente medo que caiu sobre o povo espanhol afetou o resultado das eleições. Eles eliminaram o governo pró-democrata e empossaram os socialistas. O novo governo espanhol imediatamente retirou suas tropas do Iraque, alienando-se da coalizão liderada pelos Estados Unidos. Assim, o governo espanhol, antes um aliado convicto dos Estados Unidos, agora é possivelmente um candidato a ser o "9º rei" do Império Romano restaurado.

Em minha opinião, a França é um provável candidato a governar como o 10º rei. Como disse Billye Brim, a França é a grande voz da União Européia. Como estado pós-moderno, pós-cristão e anti-semita, ela é o representante perfeito de tudo o que há de errado com a Europa. A França abraçou o secularismo. A freqüência às igrejas é rara. A França já foi o lar do Ayatolá Khomeini, e atualmente abriga a esposa de Yasser Arafat. Nos anos 80, eles exportaram um reator nuclear para o Iraque e apoiavam lealmente Saddam Hussein. A execução pela guilhotina era praticada na França durante o século XIX. A decapitação será restaurada como método de execução durante a Tribulação (Apocalipse 20.4). Além do mais, a França considera os árabes os proprietários de Israel (para eles, Palestina) por direito, e sempre vota a favor dos árabes e contra os judeus nas Nações Unidas.

À medida que a história continua a se desenrolar, é possível que se prove que eu esteja errada. O leitor é convidado a considerar outras alternativas. O propósito principal de se especular sobre os últimos dez reis é este: **Queremos alistá-lo, caro leitor, para orar por essas nações ímpias.** Nós vamos encontrá-las novamente no

Capítulo 11, onde o seu papel diabólico durante a Tribulação será explanado em maiores detalhes.

Os candidatos a serem os dez reis do Império Romano restaurado estão relacionados no quadro a seguir:

LOCALIZAÇÃO GEOGRÁFICA	NAÇÃO MODERNA	ANTIGO NOME ROMANO	ANTIGO NOME BÍBLICO
Ocidente	Itália	Roma	Roma
	Grécia	Grécia	Grécia
	Líbia	Tripolitânia	Líbia
	Espanha*	Hispânia	Não fornecido
	França*	Gália	Não fornecido
Oriente	Egito	Egito	Egito
	Turquia e Síria	Ásia	Assíria
	Iraque	Mesopotâmia	Babilônia
	Irã	Armênia, Partia	Medo-Pérsia
	Etiópia	Núbia	Etiópia

* Opinião da autora

O Império Romano restaurado e sua divisão por continentes:

Europa: Itália, Grécia, Espanha, França
Ásia: Assíria, Iraque, Irã
África: Líbia, Etiópia, Egito

E quanto à América, a nação forte e justa que por tanto tempo defendeu os pobres e fracos? É nossa teoria – não provada (e nossa oração fervorosa) – que muitos membros da liderança da América serão arrebatados. Assim, a América ficará temporariamente enfraquecida. Enquanto ela luta para se colocar de pé novamente, terá de combater os ativistas que defendem as seguintes causas: direitos dos homossexuais, aborto, direitos dos animais, legalização das drogas, da eutanásia e das políticas ambientais radicais. Sem dúvida, Deus a revigorará por amor àqueles que vierem à fé após o arrebatamento, antes que a provação de sete anos esteja concluída. Aqueles dentre nós que estivermos no céu, estaremos torcendo pela América, enquanto ela corrige os assuntos do Estado e opõe-se ao anticristo! A América e todas as outras nações que esperam ser consideradas nações "ovelha" (Mateus 25.33) terão de passar por muitas provações. Prossiga com a leitura para ver o que a Palavra de Deus tem a dizer sobre o vindouro período de sete anos de Tribulação, também chamado de a septuagésima semana de Daniel (Daniel 9.27).

CAPÍTULO 10
A TRIBULAÇÃO: UM PANORAMA GERAL

A finalidade deste capítulo é oferecer uma explicação geral sobre o período da Grande Tribulação que está por vir. Para compreender cada selo, cada trombeta, cada praga e cada terremoto, encorajo o leitor a consultar e estudar a Palavra de Deus. É opinião de muitos eruditos que o livro de Apocalipse está, em sua maior parte, em ordem cronológica. **Deus é o Pai Perfeito; Ele não está tentando confundir Seus filhos!**

As próximas páginas contêm um quadro que ajudará o leitor a entender a Tribulação.

EVENTO	IRA DO CORDEIRO
COMEÇARÁ EM*	Provavelmente em Setembro Outubro
DURAÇÃO	3 anos e meio Apocalipse 11.3
ABORDADO EM	Apocalipse capítulos 6-9 e 11.15
ÁREA AFETADA	1/3 da Terra [Área dos 10 Reis + Rússia] Apocalipse capítulos 8.7-12 e 9.18
PRIMEIRO EVENTO	Os 4 cavaleiros são soltos Apocalipse capítulo 6.1-8
O TERCEIRO CÉU VISTO NA TERRA	Os céus abertos O trono de Deus é visto Apocalipse 6.14-16
OS EVENTOS INCLUEM	7 Selos, 7 Trombetas Apocalipse capítulos 6-10
JULGAMENTOS ORDENADOS POR	Jesus Apocalipse 6.16
PAPEL DO RIO EUFRATES	4 anjos são soltos com um exército de 200 milhões de homens, provavelmente um exército islâmico* Apocalipse 9.13-16
PRINCIPAIS PREGADORES DA ERA	Enoque, Elías e 144.000 testemunhas judias Apocalipse 7.5-8 e 11.13
CULMINA COM	Os 3 Ais e o Fim do 6º Milênio Apocalipse 11.15,18 1º Ai Apocalipse 9.2,11,12 2º Ai Apocalipse 9.14 e 11.7,14 3º Ai Apocalipse 12.12

* Indica a opinião da autora

EVENTO	IRA DE JEOVÁ
COMEÇARÁ EM*	Provavelmente em Março Abril
DURAÇÃO	3 anos e meio Apocalipse 13.15
ABORDADO EM	Apocalipse capítulos 14-16 e 18
ÁREA AFETADA	Todo o mundo Apocalipse 13.3,7 Zacarias 12.3; Daniel 7.23 Jeremias 25.26; Joel 3.2
PRIMEIRO EVENTO	O anticristo domina Jerusalém Apocalipse 11.7 Daniel 11.41a,45
O TERCEIRO CÉU VISTO NA TERRA	Os céus abertos O tabernáculo e a arca de Deus são vistos Apocalipse 11.19; 13.6; 15.5
OS EVENTOS INCLUEM	Os 7 flagelos (também chamados de taças) Apocalipse capítulos 15 e 16
JULGAMENTOS ORDENADOS POR	Deus Pai Apocalipse 15.1; 16.1
PAPEL DO RIO EUFRATES	O rio seca Os reis do Oriente avançam em marcha 6º flagelo, Apocalipse 16.12
PRINCIPAIS PREGADORES DA ERA	Anjos e o próprio Jesus Apocalipse 14.6-13; 16.15
CULMINA COM	Jesus retorna com os santos ao Monte das Oliveiras Apocalipse 19.11-14 Isaías 52.7; Naum 1.15 Zacarias 14.4; Judas 14,15

* Indica a opinião da autora

Os primeiros três anos e meio de Tribulação são chamados de "A Ira do Cordeiro". Os julgamentos (exceto a difusão do Islamismo – ver página 72) são restritos aos inimigos de Israel. Observe que esses julgamentos vêm para uma terça parte da terra:

[7] *... foi queimada a terça parte da terra...*
[8] *... ao mar, cuja terça parte se tornou em sangue...*
[9] *... e morreu a terça parte da criação, que tinha vida, existente no mar...*
[10] *... caiu do céu sobre a terça parte dos rios... uma grande estrela...*

Apocalipse 8.7-10

[12] *... na sua terça parte (da terra), não brilhasse, tanto o dia como também a noite...*

Apocalipse 8.12
(os parênteses são interpretação da autora)

[18] *Por meio destes três... foi morta a terça parte dos homens...*

Apocalipse 9.18

Muitos eruditos concordam que esses julgamentos não se dão sobre a terça parte literal dos seres humanos e da natureza. Uma vez que se trata da Ira do Cordeiro (Jesus), vemos isto como a destruição de *algumas* árvores, *alguns* animais e *alguns* seres humanos que ocupam um terço do planeta Terra. Lembre-se que Jesus julga aqueles que maltratam os judeus.

*40 "... sempre que o fizestes a um destes Meus
pequeninos irmãos, a Mim o fizestes".*

Mateus 25.40

Veja Miquéias 5.3 para ter uma melhor compreensão da palavra
"irmãos".

A União Européia representa apenas um quarto do mundo. Mas a
Ira do Cordeiro julgará "a terça parte" do mundo. Assim, incluímos
a Rússia nesses julgamentos, assim como incluímos a Rússia na
fome que se seguiu à guerra de Ezequiel (ver página 75).

Embora a Rússia não seja um inimigo antigo de Israel, o registro
histórico de sua atuação passada contra Israel é espantoso. Sob o
governo dos czares nos anos 1800, houve muitos *pogroms* (massacres
de judeus e destruição de suas propriedades) na Rússia. Iniciadas
em 1881, as Leis de Maio reuniram os judeus em guetos na Rússia.
Depois que os comunistas assumiram o controle em 1917, os judeus
ficaram aprisionados naquela terra hostil. Quando o Estado judeu
foi fundado em 1948, os judeus russos quiseram voltar para casa,
mas os comunistas o proibiram.

Naturalmente, Deus havia previsto tudo isso, como Isaías
profetizara 2 milênios e meio antes. Vindos do Ocidente e do
Oriente, os judeus voltariam para Israel livremente; mas Ele teria
de ordenar ao Norte (Rússia) que os entregasse. Deus cumpriu esta
profecia quando desmantelou o comunismo soviético
soberanamente em 1989.

*5 Não temas, pois, porque sou contigo; trarei a tua
descendência desde o Oriente e a ajuntarei desde o
Ocidente.*
*6 **Direi ao Norte: "entrega!..."***

Isaías 43.5,6 (ênfase acrescentada)

Portanto, incluímos a Rússia naquele terço da terra que será julgado durante a Ira do Cordeiro. Esta era será concluída com as três últimas trombetas, que são chamadas também de "os três ais".

Vejo os ais, exclamações de dor, como se referindo à invasão demoníaca nos assuntos terrenos:

1. Primeiro ai – Apoliom, o príncipe maligno da Grécia, é solto
2. Segundo ai – os quatro príncipes demoníacos do Egito, Assíria, Iraque e Irã, são soltos
3. Terceiro ai – Satanás, o príncipe da potestade do ar, é lançado à terra

O PRIMEIRO AI (Apocalipse 8.13; 9.1-12)

O rei do abismo é solto com suas hostes para atormentar os homens por cinco meses. É fornecido tanto o nome hebraico, Abadom, quanto o nome grego, Apoliom, desse espírito maligno. Ele é o demônio que em breve deverá possuir o anticristo. Será possível que ele seja o antigo príncipe da Grécia mencionado em Daniel 10.20? Uma vez que o anticristo será um greco-sírio (vide página 36), eu não ficaria surpresa ao ver esse demônio grego possuí-lo.

Minha expectativa é de que Apoliom, e não Satanás, possua o anticristo, devido ao que se segue:

1. Apoliom é chamado de *"o anjo do abismo"* (Apocalipse 9.11).
2. O anticristo é mencionado como *"a besta do abismo"* (Apocalipse 11.7; 17.8).
3. Apoliom é mencionado como tendo subido do abismo (Apocalipse 9.2-11); o anticristo é mencionado como tendo subido do abismo (Apocalipse 17.8).
4. O anticristo e Satanás são vistos como entidades separadas ao longo de todo o Apocalipse (Apocalipse 13.4; 16.13; 19.20; 20.2).
5. Apoliom é conhecido nos antigos escritos judaicos e algumas vezes é mencionado como *Asmodeus,* o príncipe dos demônios.

O SEGUNDO AI (Apocalipse 9.12-19; 11.7-14)

O segundo ai inclui a soltura dos quatro anjos das trevas atados junto ao rio Eufrates e o assassinato das duas testemunhas pelo anticristo, após o que ele domina Jerusalém. As duas testemunhas haviam ordenado

> **O anticristo e Satanás são vistos como entidades separadas ao longo de todo o Apocalipse**

pragas e seca contra os inimigos de Israel. O mundo das trevas se regozija quando eles são mortos e as pessoas enviam presentes umas às outras. A subida estelar do anticristo até a fama é um acontecimento de alcance global! Pela primeira vez, desde Alexandre o Grande, um homem governará o mundo.

Mas quem são os quatro anjos das trevas que foram soltos do Eufrates? Os seis antigos inimigos de Israel eram governados, cada qual, por um anjo das trevas. O anjo das trevas romano é a força motriz por trás da União Européia. O anjo das trevas grego, Apoliom, pode ser o espírito que possui o anticristo. Onde estão os anjos das trevas que governavam o antigo Egito, a Assíria, a Babilônia- e a Medo-Pérsia? Será possível que eles ainda estejam amarrados junto ao grande rio?

Durante o segundo ai, sai a ordem:

> *14 ... Solta os quatro anjos que se encontram atados junto ao grande rio Eufrates.*

> Apocalipse 9.14

Seriam esses os quatro antigos espíritos das trevas que governavam o Egito, a Assíria, a Babilônia e a Medo-Pérsia? Esses anjos formam um exército de duzentos milhões de cavaleiros pelos quais foi morta *"a terça parte dos homens..."* (Apocalipse 9.18). As evidências bíblicas de que é um exército islâmico são irrefutáveis.

1. Cronologicamente, estamos nos aproximando da metade do Período da Tribulação. A União Européia ainda governa o mundo (Daniel 7.7), mas o anticristo islâmico em breve assumirá o poder (Daniel 7.8). O exército de Apocalipse 9.16 está sendo reunido para derrotar a União Européia.

2. A tarefa desse exército é *"... matar a terça parte dos homens"* (Apocalipse 9.15). Como já mencionamos, a União Européia e a Rússia compreendem a terça parte dos homens.

3. Os cavalos desse exército têm cabeças *"... como cabeça de leão"* (Apocalipse 9.17). O leão é o antigo símbolo da Babilônia, o quartel-general do anticristo (Isaías 14.4).

4. O exército de Apocalipse 9.16 derrota *"... a terça parte dos homens"* (Apocalipse 9.18), como já mencionamos. Ela é identificada como a União Européia e a Rússia. Os pecados da terça parte dos homens soam como os pecados da cultura ocidental decadente. Observe que o estilo de vida e os pecados daqueles que são atacados por esse exército incluem o seguinte (Apocalipse 9.20,21):

Adoração de demônios	Satanismo
Adoração de ídolos de ouro e prata	Mmaterialismo
Adoração de ídolos de pedra e madeira	Panteísmo
Feitiçaria	Drogas e práticas ocultas
Assassinato	Aborto e eutanásia
Imoralidade sexual	Perversão sexual

Esse estilo de vida é uma reminiscência do antigo Império Romano e, infelizmente, da moderna União Européia.

Portanto, concluímos que o exército de Apocalipse 9.16 é provavelmente um exército islâmico liderado pelo anticristo assírio. Uma vez que conquistarão a Europa, lembre-se de que os muçulmanos não fumam, não bebem, não usam drogas, não adoram ídolos, não permitem a nudez ou outros excessos da cultura ocidental. No seu modo de pensar, Alá lhes está concedendo o domínio do mundo por causa da sua "pureza".

Para os estudiosos da Bíblia que estão procurando por um exército chinês, submeto à sua consideração o fato de que os chineses (e/ou japoneses) não se envolverão até a segunda metade da Tribulação, conforme registrado em Daniel e em Apocalipse.

> *⁴⁴ Mas, pelos rumores do Oriente e do Norte, será perturbado e sairá com grande furor, para destruir e exterminar a muitos.*

Daniel 11.44

> *¹² Derramou o sexto anjo a sua taça sobre o grande rio Eufrates, cujas águas secaram, para que se preparasse o caminho dos reis que vêm do lado do nascimento do sol.*

Apocalipse 16.12

A maioria dos eruditos acredita que as duas testemunhas que são mortas (Apocalipse 11.7) são Enoque e Elias, que nunca morreram (Hebreus 9.27). Durante três anos e meio eles discipulam e lideram 144.000 evangelistas judeus messiânicos. Depois do arrebatamento, os judeus assumem a tarefa de ganhar o mundo para Jesus, em união com a igreja subterrânea (Apocalipse 11.7-12). As 144.000 testemunhas também devem ser arrebatadas, uma vez que elas são vistas no céu em Apocalipse 14.1, quando tem início a ira de Jeová.

Assim, no meio da Tribulação, conforme mencionado no prólogo, o Mistério de Deus será cumprido. Acreditamos que as palavras *"já não haverá demora"* se referem ao fim do sexto milênio:

> *⁶ e jurou por aquele que vive pelos séculos dos séculos, o mesmo que criou o céu, a terra, o mar e tudo quanto neles existe:* **Já não haverá demora**,

*⁷ mas, nos dias da voz do sétimo anjo. Quando ele estiver para tocar a trombeta, **cumprir-se-á, então, o mistério de Deus**, segundo ele anunciou aos Seus servos, os profetas.*

Apocalipse 10.6,7 (ênfases acrescentadas)

O Mistério de Deus inclui a atribuição da Igreja de pregar aos principados e potestades nos céus:

⁹ e manifestar qual seja a dispensação do mistério, desde os séculos, oculto em Deus, que criou todas as coisas,
*¹⁰ para que, pela igreja, **a multiforme sabedoria de Deus se torne conhecida, agora, dos principados e potestades nos lugares celestiais.***

Efésios 3.9,10

A sétima trombeta, também chamada de terceiro ai, derrubará Satanás e seus demônios das regiões celestiais. Assim, aquela tarefa da Igreja de pregar foi concluída:

⁷ Houve peleja no céu. Miguel e os seus anjos pelejaram contra o dragão. Também pelejaram o dragão e seus anjos;
⁸ todavia, não prevaleceram; nem mais se achou no céu o lugar deles.
*⁹ E foi expulso o grande dragão, a antiga serpente, que se chama diabo e Satanás, o sedutor de todo o mundo, sim, **foi atirado para a terra, e, com ele, os seus anjos.***

*¹² Por isso, festejai, ó céus, e vós, os que neles habitais. **Ai** da terra e do mar, **pois o diabo***

desceu até vós, *cheio de grande cólera, sabendo*
que pouco tempo lhe resta.

Apocalipse 12.7-9,12 (ênfases acrescentadas)

E, assim como dominós que caem, os acontecimentos da metade da Tribulação incluem:

1. O fim da Ira do Cordeiro e o sexto milênio.
2. O arrebatamento de Enoque, Elias e das 144.000 testemunhas.
3. O lançamento de Satanás e suas forças à terra.
4. O julgamento dos santos no céu (Apocalipse 11.18).
5. A fuga dos judeus de Israel para Petra por três anos e meio (Apocalipse 12.6,14).
6. O começo da Ira de Jeová, que se inicia com os céus abertos:

> [17] *Dizendo: "Graças te damos, Senhor Deus, Todo-Poderoso, que és e que eras,* **porque assumiste o Teu grande poder e passaste a reinar".**
> [18] *"Na verdade, as nações se enfureceram;* **chegou, porém, a Tua ira**, *e o tempo determinado para serem julgados os mortos, para se dar o galardão aos Teus servos, os profetas, aos santos e aos que temem o Teu nome, tanto aos pequenos como aos grandes,* **e para destruíres os que destroem a terra".**
> [19] **Abriu-se, então, o santuário de Deus, que se acha no céu,** *e foi vista a arca da Aliança no seu santuário...*

Apocalipse 11.17-19 (ênfases acrescentadas)

[Nota: *"assumiste o Teu grande poder e passaste a reinar..." "Passaste a reinar"* em grego está no tempo aoristo indicativo ativo, que se refere ao ingresso, que implica uma ação transitória completa. Seria traduzida mais precisamente assim: *"Tu assumiste para Ti o Teu grande poder e* **começaste a reinar"**. Em outras palavras, o período de arrendamento do planeta Terra ao homem expirou, e Deus assumiu o poder].

É minha opinião que as palavras *"... já não haverá demora"* (Apocalipse 10.6) significam que os 6.000 anos do domínio do homem sobre o planeta Terra estão concluídos (ver página 16). Observe que esta profecia é cumprida no capítulo 11.

> [15] *O sétimo anjo tocou a trombeta, e houve no céu grandes vozes, dizendo:* **"O reino do mundo se tornou de nosso Senho**r *e do Seu Cristo, e Ele reinará pelos séculos dos séculos".*

Apocalipse 11.15 (ênfase acrescentada)

Quem é o poderoso anjo de Apocalipse 10 que profetiza o fim do sexto milênio e o início do sétimo dia, o Dia do Senhor? Muitos autores identificam este anjo como sendo o próprio Jesus. Concordo com essa interpretação com base nas razões que se encontram no quadro a seguir:

O ANJO FORTE DE APOCALIPSE	REFERÊNCIAS BÍBLICAS
1.Ele está envolto em uma nuvem. (Apocalipse 10.1)	"vinha com as nuvens do céu um como o Filho do Homem..." Daniel 7.13 "... uma nuvem o encobriu..." Atos 1.9
2.Com o arco íris por cima de sua cabeça. (Apocalipse 10.1)	Na Bíblia, o arco-íris está sempre associado à Divindade. Apocalipse 4.2,3
3.Seu rosto era como o sol. (Apocalipse 10.1)	"O Seu rosto resplandecia como o sol..." Mateus 17.2b
4.Ele tinha um livrinho. (Apocalipse 10.2)	Em Apocalipse 5.7, Jesus segurava um "livro". Agora Ele segura um "livrinho". O livro é menor (talvez porque a metade dos julgamentos já tenha sido concluída).
5.O anjo diz: "Darei poder às minhas duas testemunhas..." (Apocalipse 11.3)	O anjo refere-se a Enoque e Elias como minhas duas testemunhas. Enoque e Elias ensinam que Jesus é o Messias; portanto, eles são as Suas duas testemunhas. Apocalipse 11.3-12

E assim, como acabei de expor, Jesus (o Anjo Forte) profetiza o fim do sexto milênio em Apocalipse 10.6. Esta profecia é enfim cumprida em Apocalipse 11.15. Deus nunca faz nada sem que o profetize primeiro (Amós 3.7).

FINALMENTE, APÓS 6.000 ANOS DA HISTÓRIA DESDE QUE ADÃO FOI CRIADO, O GOVERNO DO HOMEM SOBRE O PLANETA TERRA ESTÁ CONCLUÍDO. O DIA DO SENHOR, PREVISTO POR TODOS OS PROFETAS DO ANTIGO TESTAMENTO, COMEÇA AOS TRÊS ANOS E MEIO DA IRA DE JEOVÁ. AO MESMO TEMPO, OS SANTOS NO CÉU RECEBEM SUA RECOMPENSA.

O TERCEIRO AI

O terceiro ai é o lançamento de Satanás e seus demônios do segundo céu para a terra. É o monumental evento que encerra o sexto milênio e sinaliza o início do Dia do Senhor.

> *⁹ E foi expulso o grande dragão, a antiga serpente, que se chama diabo e Satanás, o sedutor de todo o mundo, sim,* **foi atirado para a terra, e, com ele, os seus anjos.**
> *¹⁰ Então, ouvi grande voz do céu, proclamando: "Agora veio a salvação, o poder, o reino do nosso Deus e a autoridade do Seu Cristo,* **pois foi expulso o acusador de nossos irmãos, o mesmo que os acusa de dia e de noite, diante do nosso Deus.**
>
> *¹² Por isso, festejai, ó céus, e vós, os que nele habitais. Ai da terra e do mar,* **pois o diabo desceu até vós,** *cheio de grande cólera, sabendo que pouco tempo lhe resta.*

Apocalipse 12:9,10,12 (ênfases acrescentadas)

Vamos rever agora os cataclísmicos eventos do fim desta era e o início do Dia do Senhor. Veja o mapa a seguir:

EVENTOS DA PRIMEIRA METADE DA TRIBULAÇÃO	PASSAGENS DAS ESCRITURAS QUE OS CONFIRMAM
1. Fim da Era da Igreja	"... nos dias... do sétimo anjo... cumprir-se-á... o mistério de Deus..." Apocalipse 10.7
2. O início do Dia do Senhor	"O reino do mundo se tornou de nosso Senhor e do Seu Cristo..." Apocalipse 11.15 "Senhor Todo-Poderoso... assumiste o Teu grande poder e passaste a reinar..." Apocalipse 11.17
3. A Ira de Deus tem início	"As nações se enfureceram; chegou, porém, a Tua ira..." Apocalipse 11.18
4. Os santos são julgados no céu	"... para serem julgados os mortos, para se dar o galardão aos Teus servos, os profetas, aos santos..." Apocalipse 11.18
5. Arrebatamento de Enoque e Elias	"'Subi para aqui'. E subiram ao céu numa nuvem..." Apocalipse 11.12
6. 144.000 testemunhas são arrebatadas	"... o Cordeiro em pé sobre o Monte Sião, e com Ele cento e quarenta e quatro mil..." Apocalipse 14.1
7. Os céus abertos sobre a terra	"Abriu-se, então, o santuário de Deus que se acha no céu..." Apocalipse 11.19

A Era da Igreja termina com o arrebatamento ou com o incêndio de Roma na primeira metade da Tribulação? É uma questão de semântica. A "Igreja gloriosa" termina no arrebatamento. A "Igreja apóstata" permanece por mais 3 anos e meio, até ser queimada pelos dez reis (vide Capítulo 11).

Observe que os céus abertos, que iniciam a segunda metade da Tribulação, são mencionados em Apocalipse 11.19 e depois novamente em Apocalipse 15.5. Minha opinião é que o Apocalipse retoma a história no capítulo 15.5 de onde a havia deixado em 11.19. Em outras palavras, os acontecimentos da primeira metade da Tribulação dos capítulos 12, 13 e 14 ocorrem simultaneamente (alguns deles nas regiões celestiais, inclusive) ao capítulo 11.

Quando João retoma a narrativa em 15.5, ele explica os sete últimos flagelos – *"... pois com estes se consumou a cólera de Deus"* (Apocalipse 15.1). E então vemos que o julgamento é completado por meio de um terremoto – *"... e caíram as cidades das nações"* (Apocalipse 16.19). Apocalipse 16.19 introduz Apocalipse 18, o julgamento da Babilônia. Jeremias já havia profetizado que o último rei a ser julgado seria o anticristo, o rei de Sesaque (Babilônia), em Jeremias 25.26.

A meu ver, o livro de Apocalipse está, basicamente, em ordem cronológica. A exceção é o capítulo 17, que descreve um acontecimento que ocorre na primeira metade da Tribulação. Por que João o inseriu próximo ao final do livro?

CAPÍTULO 11

UM CONTO SOBRE DUAS CIDADES QUEIMADAS

Como acabo de explicar, em sua maioria, os acontecimentos do Apocalipse aparecem em ordem cronológica. A exceção é o capítulo 17, que trata do incêndio de Roma. Roma é, na verdade, queimada na primeira metade da Tribulação, simultaneamente aos acontecimentos de Apocalipse 11, 12 e 13. Existem diversas razões possíveis para a inserção dessa catástrofe próximo ao final do livro de Apocalipse.

1. A Igreja apóstata, sediada em Roma, é a meretriz que está montada sobre a besta de sete cabeças, o anticristo (Apocalipse 17.3). O anticristo não é apresentado até Apocalipse 13. Portanto, a mulher montada na besta não pode ser identificada até que saibamos quem é a besta.
2. O autor deseja comparar o incêndio de Roma (Apocalipse 17) com o incêndio de Babilônia (Apocalipse 18). A colocação desses eventos em capítulos sucessivos ajuda-nos a fazer a analogia.
3. Deus está fazendo uma declaração sobre a Sua Cidade Santa. Os babilônios queimaram Jerusalém em 70 d.C. Que isto seja uma advertência para cada reino que se levante contra a Cidade de Deus: vocês colherão o que plantaram!

A Bíblia interpreta a Bíblia. Quando as Escrituras dizem *"... Caiu a grande Babilônia..."* (Apocalipse 18.2), não há razão para crer que a Palavra está se referindo a qualquer outro lugar da terra **senão a Babilônia.** De acordo com o profeta Zacarias, a prosperidade voltará a Sinar (Babilônia) no fim dos tempos (Zacarias 5.5-11). O nome moderno para Babilônia, é, naturalmente, Iraque.

Somente nos últimos anos pudemos ver os acontecimentos atuais se alinharem com essa antiga profecia. O presidente Bush e as Forças Armadas americanas estão tentando produzir os princípios de uma democracia no Iraque enquanto escrevemos este livro. Espero que este esforço tenha êxito, ao menos por enquanto. Como em todos os países, a democracia produz prosperidade. A Bíblia fala claramente da prosperidade da Babilônia (Iraque) durante estes tempos do fim. Essa riqueza inclui a compra e venda de:

> *12 mercadoria de ouro, de prata, de pedras preciosas, de pérolas, de linho finíssimo, de púrpura, de seda, de escarlata; e toda espécie de madeira odorífera, todo gênero de objeto de marfim, toda qualidade de móvel de madeira preciosíssima, de bronze, de ferro e de mármore;*
> *13 e canela de cheiro, especiarias, incenso, ungüento, bálsamo, vinho, azeite, flor de farinha, trigo, gado e ovelhas; e de cavalos, de carros, de escravos e até almas humanas.*

Apocalipse 18.12,13

> *23 ... Pois os teus mercadores foram os grandes da terra, porque todas as nações foram seduzidas pela tua feitiçaria.*

Apocalipse 18.23

Segundo a Concordância de Strong, feitiçaria inclui "drogas, encantamentos, amuletos e mágica". As práticas ocultas da Babilônia, assim como o ódio contínuo do Iraque pelos judeus, farão com que o Senhor determine um julgamento extremamente severo contra ela. Na verdade, após a Tribulação, nenhum ser humano jamais habitará a Babilônia novamente.

⁴⁹ Como Babilônia fez cair traspassados os de Israel, assim em Babilônia cairão traspassados os de toda a terra.

⁶² E dirás: "Ó Senhor! Falaste a respeito deste lugar que o exterminarias, a fim de que nada fique nele, nem homem nem animal, e que se tornaria em perpétuas assolações".

Jeremias 51.49,62

Portanto, concluo, com base no que acabo de explanar, que Apocalipse capítulo 18 não é alegórico. Deve ser interpretado como a punição literal sobre a Babilônia literal, começando no final da Tribulação e estendendo-se até a eternidade.

Antes de discutirmos Apocalipse capítulo 17, será útil para o leitor examinar o mapa seguinte.

duas cidades queimadas
COMPARE E CONTRASTE OS CAPÍTULOS 17 E 18

Categoria	Apocalipse 17	Apocalipse 18
Área Geográfica	Roma (9,18)	Babilônia (2,10)
Papel Principal da Cidade	Centro Religioso da Igreja Cristã Apóstata (Mateus 13.33)	Centro Econômico do Governo do Anticristo (Zacarias 5.5-11; (Apocalipse 18.15,16)
Julgamento Anunciado	Um dos anjos com sete taças (1)	Outro anjo, tendo grande autoridade (1)
Punição	Cidade queimada (16)	Cidade queimada (18)
Motivo da punição *	Queimou Jerusalém em 70 d.C.	Queimou Jerusalém em 586 a.C.
Queimada por	Dez reis (16)	O próprio Deus (8)

Categoria	Apocalipse 17	Apocalipse 18
Queimada em	Metade da Tribulação (12,16)	Fim da Tribulação (Apocalipse 16.17-19)
Seus pecados	Idolatria (2) Martírio dos Santos (6) Apostasia (Mateus 13.33)	Idolatria (3) Martírio dos Santos (24) Venda de homens (13) Bruxaria (23) Comércio Ilícito (Zacarias 5.8)
Atitude dos Dez Reis	Odiaram-na (16)	Lamentaram por ela (9)
Extensão do Julgamento	Não fornecida	Para sempre (21; Isaías 34.9,10; Jeremias 51.58-62)

* Indica a opinião da autora.

Agora examinemos Apocalipse 17, a saga de "Mistério, a Grande Babilônia" (versículo 5). Devemos nos lembrar que Deus é o Pai Perfeito e que não é propósito dEle nos confundir. Como é Seu costume quando está revelando um mistério, Ele envia um intérprete, nesse caso um anjo (versículo 7). A mulher, nesse capítulo, é a Igreja Cristã apóstata, como logo veremos. Jesus havia se referido a ela em uma parábola (lembre-se que o fermento sempre representa o pecado quando aparece na Palavra de Deus).

> **A mulher, que é a Igreja apóstata, está sentada sobre o anticristo.**

[33] *Disse-lhes outra parábola: "O reino dos céus é semelhante ao fermento que uma mulher tomou e escondeu em três medidas de farinha, até ficar tudo levedado".*

Mateus 13.33

David Baron explica o que é o fermento e como parar o seu crescimento:

O fermento consiste de um vegetal microscópico, caracterizado principalmente pela rapidez de seu crescimento e de sua dispersão, de modo que permeia toda a massa onde é colocado, e nada pode parar o seu crescimento exceto o fogo – um símbolo adequado, portanto, para a corrupção, da qual ele é figura em todo lugar onde é mencionado no Novo Testamento[17]. (ênfase acrescentada). Assim como a ação do fermento é destruída pelo fogo, a Igreja apóstata será finalmente destruída pelo fogo.

A mulher, que é a Igreja apóstata, está montada (isto é, tem a aprovação de) no anticristo, um líder militar islâmico.

> [3] *"... e vi uma* **mulher montada numa besta escarlate**, *besta repleta de nomes de blasfêmia,* **com sete cabeças e dez chifres**.
>
> [4] *Achava-se a mulher vestida de púrpura e de escarlata, adornada de ouro, de pedras preciosas e de pérolas, tendo na mão um cálice de ouro transbordante de abominações e com as imundícias da sua prostituição.*

Apocalipse 17.3,4 (ênfases acrescentadas)

Ela existe durante a primeira metade da Tribulação. A essa altura, o anticristo tem domínio somente sobre o mundo islâmico (vide página 70). O Império Romano (sétimo) ainda está reinando sobre a terra (Apocalipse 17.10). O paganismo, a adoração à deusa e o panteísmo se unirão a um falso Cristianismo (apóstata) no Império Romano. O Cristianismo na União Européia incluirá um retorno às antigas e misteriosas religiões pagãs. João descreve a mulher de Apocalipse:

> [5] *Na sua fronte achava-se escrito o nome:* MISTÉRIO, A GRANDE BABILÔNIA, A

MÃE DAS PROSTITUIÇÕES E ABOMINAÇÕES DA TERRA.

Apocalipse 17.5 (Versão Almeida Revista e Corrigida)

Prostituição na Bíblia sempre implica na adoração a um falso deus. Será que a Igreja fez concessões ao Islamismo e o paganismo? Sabemos que os muçulmanos decapitarão aqueles que se opuserem à sua doutrina (Apocalipse 6.4; 20.4). Vemos que a Igreja apóstata, a mulher, também está martirizando os santos.

> *⁶ Então, vi a mulher embriagada com o sangue dos santos e com o sangue das testemunhas de Jesus; e quando a vi, admirei-me com grande espanto.*

Apocalipse 17.6

Que cenário devastador e visceral! A Igreja que Jesus amou, abraçou, e pela qual morreu, vendeu-se totalmente ao maligno. Seria impossível de se acreditar se não houvesse sido profetizado por tantas testemunhas confiáveis (2 Tessalonicenses 2.3; 2 Timóteo 3.1-5; Mateus 13.33).

Pelo fato de Apocalipse 17 ser um mistério, e porque Deus não deseja que fiquemos confusos, Ele envia um anjo para explicar a João o que está dizendo. O anjo diz: *"... Dir-te-ei o mistério da mulher..."* (Apocalipse 17.7). O quadro a seguir mostra o que João viu e como o anjo o interpretou.

ΑΡΟℭΑLIPSE

O Que João Viu	A Interpretação do Anjo
Ela é "... a grande meretriz que se acha sentada sobre muitas águas" (17.1)	"As águas que viste, onde a meretriz está assentada, são povos, multidões, nações e línguas" (17.15)

[Vemos aqui a imagem de uma igreja universal mergulhada na prostituição, um falso Cristianismo]

O Que João Viu	A Interpretação do Anjo
Ela estava "... montada numa besta escarlate... com sete cabeças" (17.3)	"As sete cabeças são sete montes, nos quais a mulher está sentada" (17.9)

[Os sete montes são vistos por vários autores como sendo as sete colinas de Roma ou os sete continentes]

O Que João Viu	A Interpretação do Anjo
"Vi uma mulher montada numa besta escarlate... com sete cabeças e dez chifres" (17.3)	"São também sete reis" (17.10)

[Egito, Assíria, Babilônia, Medo-Pérsia, Grécia, Roma e Roma Restaurada]

"A mulher que viste é..." (17.18)	"... a grande cidade que domina sobre os reis da terra" (17.18)

[Esta é Roma, o centro do Império Romano restaurado]

Alguém poderia perguntar: Por que não chamar "Mistério, a Grande Babilônia" por seu nome verdadeiro, que é Roma? Existem várias explicações possíveis:

1. João está seguindo um precedente estabelecido por Pedro, que se referiu a Roma como Babilônia em 1 Pedro 5.13.

135

2. Mistério, a Grande Babilônia é uma meretriz. A prostituição na Bíblia implica a adoração a falsos deuses. O paganismo teve início na Babilônia, o berço da civilização. "Mistério, a Grande Babilônia" indica a capitulação total da Igreja, que um dia fora santa, aos poderes das trevas.

3. O apóstolo João chamou a cidade de "Mistério, a Grande Babilônia" como um nome codificado, em lugar de Roma. João codificou o nome para evitar possíveis retaliações do governo romano (vide pág. 54).

Observamos no versículo 12 que um dos primeiros atos oficiais dos dez reis, que iniciam a sua dominação mundial na primeira metade da Tribulação sob a autoridade do anticristo, é queimar Roma. É altamente provável que o anticristo exija que eles destruam Roma como uma atitude de lealdade a ele.

> [12] *Os dez chifres que viste são dez reis, os quais ainda não receberam reino, mas recebem autoridade como reis, com a besta, durante uma hora.*

> [16] *Os dez chifres que viste e a besta, esses odiarão a meretriz, e a farão devastada e despojada, e lhe comerão as carnes, e a consumirão no fogo.*

Apocalipse 17.12,16

Que ironia! Essa Igreja apóstata, que abraçou a teologia do mundo, é finalmente destruída por aqueles a quem fez concessões!

Algumas das concessões que a Igreja apóstata faz – "doutrina de demônios", a grosso modo – incluem o seguinte:

A Igreja apóstata abraça a "doutrina dos demônios!"

1. Há muitos caminhos para Deus. Adore qualquer deus que você queira, da forma que você queira. A adoração a uma deusa do sexo feminino foi suprimida por uma sociedade machista.

2. A Bíblia é um bom livro se ele puder ajudar você. Ela não é a Palavra de Deus inspirada e não é infalível.

3. O aborto é uma decisão individual entre a mulher, seu médico e o seu deus.

4. A perversão sexual é uma característica congênita. Deus fez as pessoas deste modo e aprova o seu estilo de vida.

5. Deus desistiu dos judeus; a Igreja os substituiu.

6. Jesus foi um bom homem e um profeta. Ele não é Deus; Ele não morreu pelos nossos pecados.

Amado, se a sua igreja ensina qualquer das doutrinas acima, NÃO ANDE, CORRA para a saída mais próxima e não olhe para trás. *"Há caminho que ao homem parece direito, mas ao cabo dá em caminhos de morte"* (Provérbios 14.12). Muitos cristãos que lerem este livro após o arrebatamento reconhecerão as doutrinas que suas igrejas adotaram nesta lista. Felizmente, não é tarde demais para você. Busque nas Escrituras e arrependa-se. Deus ainda tem um alto chamado para a sua vida. Nos sete anos cataclísmicos, os judeus se sentirão indignados pela última vez. Você ainda pode servir a Deus. Você pode ser amigo deles.

CAPÍTULO 12
O POVO ESCOLHIDO DE DEUS

Abraão, o patriarca, teve dois filhos – Isaque, o filho dos judeus, e Ismael, o pai dos árabes. Hoje existem cerca de quinhentos milhões de árabes, descendentes de Ismael. No entanto, há menos de quinze milhões de judeus no planeta Terra. O que explica a enorme diferença na geração dos dois filhos de Abraão? Isto e somente isto: **Satanás dedicou-se, ao longo de toda a história da humanidade, a destruir os judeus, o povo escolhido de Deus.**

A tentativa final de Satanás para destruir os judeus, em conjunto com o anticristo, ocorrerá durante o Período da Tribulação. Apresentamos um resumo de como Daniel descreve esse período de sete anos, também chamado de "a septuagésima semana de Daniel".

> [27] *Ele (o anticristo) fará firme aliança (tratado de paz) com muitos (os judeus) por uma semana (sete anos); na metade da semana (três anos e meio da Grande Tribulação), fará cessar o sacrifício e a oferta de manjares (quebrará o tratado com os judeus e exigirá que eles desistam de oferecerem sacrifícios de sangue a Jeová no templo reconstruído); sobre a asa das abominações virá o assolador (o anticristo estabelecerá a "abominação desoladora" [Marcos 13.14] no Santo dos Santos e forçará as pessoas a adorá-la), até que a destruição (fim da Tribulação), que está determinada (por Jeová), se derrame sobre ele (pelo retorno do Messias para punir os infiéis).*

Daniel 9.27 (os parênteses são interpretação da autora)

Depois desse período, Jesus governará a terra de Jerusalém durante os mil anos do milênio.

Como explica David Baron tão eloqüentemente em seu livro Zacarias: Um Comentário Sobre Seus Sonhos e Visões:

> E este, caro leitor, o estabelecimento do trono de justiça do Messias no Monte Sião, de onde, tendo Israel como centro, o Seu governo de bondade poderá se estender sobre toda a terra e abençoar todos os povos, é o alvo designado da história, em direção ao qual todas as coisas estão se movendo[18].

Durante a Era Milenar, os judeus serão grandemente honrados na família humana. Estas palavras de Zacarias ajudam a encorajar os judeus até aquele grande dia.

> [23] *Assim diz o Senhor dos Exércitos: "Naquele dia sucederá que pegarão dez homens, de todas as línguas das nações, pegarão, sim, na orla da veste de um judeu e lhe dirão: Iremos convosco, porque temos ouvido que Deus está convosco".*

Zacarias 8.23

Deus vê três grupos de pessoas na terra: os judeus, as nações e a Igreja.

> [32] *Não vos torneis causa de tropeço nem para judeus, nem para gentios (as nações), nem tampouco para a Igreja de Deus.*

1 Coríntios 10.32

(os parênteses são interpretação da autora)

No decorrer da história da humanidade, Deus, que é o Perfeito Pai, usou os dois povos da Sua aliança, os judeus e a Igreja, para atrair as nações (os gentios) para Si. Os judeus e a Igreja têm muito em comum com respeito ao nosso relacionamento com Deus (É útil lembrar que o Antigo Testamento foi escrito primeiramente aos judeus e às nações. No Novo Testamento, Deus está se dirigindo primeiramente à Igreja.)

No quadro abaixo, ilustramos as duas alianças de Deus:

1. A Lei, dada aos judeus.
2. A Nova Aliança, a graça, dada à Igreja.

Aprenda acerca deste mistério que nos foi entregue por meio do apóstolo Paulo:

> [25] *Porque não quero, irmãos, que ignoreis este mistério (para que não sejais presumidos em vós mesmos): que veio endurecimento em parte a Israel, até que haja entrado a plenitude dos gentios.*
> [26] **E, assim, todo o Israel será salvo...**

Romanos 11.25,26 (ênfase acrescentada)

Veja o quadro abaixo:

O QUE DIZ A PALAVRA DE DEUS	AOS JUDEUS	À IGREJA
Deus é a Rocha deles	Isaías 44.8	1 Coríntios 10.4
Deus é o primeiro e o último deles	Isaías 44.6	Apocalipse 1.8
O poder deles vem do Espírito Santo	Salmo 51.11	João 20.22,23
O propósito deles é ganhar almas	Salmo 51.12 Provérbios 11.30	Marcos 16.15,16

O QUE DIZ A PALAVRA DE DEUS	AOS JUDEUS	À IGREJA
Eles são uma luz para o mundo (os gentios)	Isaías 42.6; 49.6	Mateus 5.14
Eles estão casados com Deus	Jeremias 3.14	2 Coríntios 12.2 Mateus 25.1
Se eles se arrependerem, Deus sempre os receberá de volta	Jeremias 3.12,13	1 João 1.7-9

No entanto, também é verdade que temos alianças diferentes, e Deus tem planos separados para os judeus e a Igreja.

O mundo tem uma grande dívida de gratidão pelo tanto que os judeus contribuíram, como explica o grande apóstolo Paulo:

> *⁴ São israelitas. Pertence-lhes a adoção e também a*
> *glória, as alianças, a legislação, o culto e as*
> *promessas;*
> *⁵ deles são os patriarcas, e também deles descende*
> *o Cristo, segundo a carne, o qual é sobre todos.*
> *Deus bendito para todo o sempre. Amém!*

Romanos 9.4,5

É inquestionável que o maior presente que recebemos dos judeus foi o nosso Senhor e Salvador Jesus Cristo, o filho de Maria, uma virgem judia.

É nosso mais alto chamado trabalharmos rumo à perfeição, usando os princípios que nos foram dados por Cristo.

> *¹¹ Mas, depois dos três dias e meio, um espírito de*
> *vida, vindo da parte de Deus, neles penetrou, e*

eles se ergueram sobre os pés, e àqueles que os viram
sobreveio grande medo;
[12] e as duas testemunhas ouviram grande voz vinda
do céu, dizendo-lhes: **Subi para aqui***. E subiram*
ao céu numa nuvem, e os seus inimigos as
contemplaram.

Apocalipse 11.11,12 (ênfase acrescentada)

Segue-se um terremoto, durante o qual muitos judeus dão glória a Deus (Apocalipse 11.13). Finalmente terminou o sexto milênio, e tem início o Dia do Senhor.

[15] O sétimo anjo tocou a trombeta, e houve no céu
grandes vozes dizendo: **O reino do mundo se**
tornou de nosso Senhor e do seu Cristo*,*
e Ele reinará pelos séculos dos séculos.
[16] E os vinte e quatro anciãos que se encontram
sentados no seu trono, diante de Deus, prostraram-
se sobre o seu rosto e adoraram a Deus,
[17] dizendo: "Graças Te damos, Senhor Deus, Todo-
Poderoso, que és e que eras, porque **assumiste**
o Teu grande poder e passaste a reinar.
[18] Na verdade, as nações se enfureceram; chegou,
porém a Tua ira, e o tempo determinado para serem
julgados os mortos, para se dar o galardão aos
teus servos, os profetas, aos santos e aos que temem
o Teu nome, tanto aos pequenos como aos grandes,
e para destruíres os que destroem a terra".

Apocalipse 11.15-18 (ênfases acrescentadas)

O "Dia do Senhor" começa com os céus abertos. Esse advento é discutido em maiores detalhes no Capítulo 14.

Antes de concluirmos nossa explanação sobre o povo escolhido de Deus, será útil explicar os diferentes papéis que Deus atribuiu aos judeus e à Igreja. Cada grupo tem uma incumbência distinta, e trabalharemos juntos durante o Reino Milenar e por toda a eternidade. A seguir, apresentamos um quadro que compara os judeus e a Igreja e mostra o papel exercido por cada um deles.

> [11] *E Ele mesmo concedeu uns para apóstolos, outros para profetas, outros para evangelistas e outros para pastores e mestres,*
> [12] *com vistas ao aperfeiçoamento dos santos para o desempenho do seu serviço, para a edificação do corpo de Cristo,*
> [13] *até que todos cheguemos à unidade da fé e do pleno conhecimento do Filho de Deus,* **à perfeita varonilidade***, à medida da estatura da plenitude de Cristo...*

Efésios 4.11-13 (ênfase acrescentada)

Quando tivermos nos tornado aquele "homem perfeito" sem mancha ou ruga (vide págs. 31 e 96), seremos arrebatados para o céu antes que a Tribulação se inicie. Nessa ocasião, a tarefa de ganhar os perdidos voltará a ser dos judeus. O profeta Elias retornará para ajudar a instruir os judeus:

> [5] *Eis que Eu vos enviarei o profeta Elias, antes que venha o grande e terrível Dia do Senhor;*
> [6] *ele converterá o coração dos pais aos filhos e o coração dos filhos a seus pais, para que Eu não venha e fira a terra com maldição.*

Malaquias 4.5,6

Elias, juntamente com Enoque – os dois únicos profetas do Antigo Testamento que nunca experimentaram a morte (vide Hebreus 9.27), terão a permissão de Deus para pregar por três anos e meio.

³ Darei às Minhas duas testemunhas que profetizem por mil duzentos e sessenta dias, vestidas de pano de saco.

⁵ Se alguém pretende causar-lhes dano, sai fogo da sua boca e devora os inimigos; sim, se alguém pretender causar-lhes dano, certamente, deve morrer.

*⁶ Elas têm autoridade para fechar o céu, **para que não chova durante os dias em que profetizarem**. Têm autoridade também sobre as águas para convertê-las em sangue, bem como para ferir a terra com toda sorte de flagelos, tantas vezes quantas quiserem.*

Apocalipse 11.3,5,6 (ênfase acrescentada)

Eles levantarão 144.000 discípulos judeus, que os ajudarão a pregar a Palavra de Deus.

⁴ Então ouvi o número dos que foram selados, que era cento e quarenta e quatro mil, de todas as tribos dos filhos de Israel;

Apocalipse 7.4

Haverá grande sofrimento no Oriente Médio, devido à seca de três anos e meio. Na primeira metade da Tribulação, o anticristo marchará em direção a Jerusalém, assassinará Enoque e Elias, e assumirá o poder na Cidade Santa.

⁷ Quando tiverem, então, concluído o testemunho que devem dar, a besta que surge do abismo pelejará contra elas, e as vencerá, e matará.

*⁸ e o seu cadáver ficará estirado na praça **da grande cidade** que, espiritualmente, se chama*

Sodoma e Egito, onde também o seu Senhor foi crucificado.

Apocalipse 11.7,8
(ênfase acrescentada)

Observe que João muda imediatamente o nome da cidade de "Jerusalém" para "Sodoma" e "Egito", tão logo ela é tomada. A cidade tornou-se um centro de imoralidade sexual (Sodoma) e de adoração ao homem como deus (Assim como o Faraó era adorado no Egito, também o anticristo será adorado em Jerusalém.)

As nações do mundo se alegrarão e o anticristo dará início ao seu reinado de três anos e meio. As nações darão seu poder voluntariamente ao anticristo porque ele foi capaz de matar Enoque e Elias. Enquanto o mundo observa as redes de notícias na TV via satélite, elas contemplam com júbilo os corpos sem vida de Enoque e Elias.

> ...eles contemplam com júbilo os corpos sem vida...

⁹ *Então muitos dentre os povos, tribos, línguas e nações contemplam os cadáveres das duas testemunhas, por três dias e meio, e não permitem que esses cadáveres sejam sepultados.*
¹⁰ *Os que habitam sobre a terra se alegram por causa deles, realizarão festas e enviarão presentes uns aos outros, porquanto esses dois profetas atormentaram os que moram sobre a terra.*

Apocalipse 11.9,10

MAS DEUS SEMPRE VENCE!

[11] Mas, depois dos três dias e meio, um espírito de vida, vindo da parte de Deus, neles penetrou, e eles se ergueram sobre os pés, e àqueles que os viram sobreveio grande medo;
*[12] e as duas testemunhas ouviram grande voz vinda do céu, dizendo-lhes: **Subi para aqui**. E subiram ao céu numa nuvem, e os seus inimigos as contemplaram.*

Apocalipse 11.11,12 (ênfase acrescentada)

Segue-se um terremoto, durante o qual muitos judeus dão glória a Deus (Apocalipse 11.13). Finalmente terminou o sexto milênio, e tem início o Dia do Senhor.

*[15] O sétimo anjo tocou a trombeta, e houve no céu grandes vozes dizendo: **O reino do mundo se tornou de nosso Senhor e do seu Cristo**, e Ele reinará pelos séculos dos séculos.*
[16] E os vinte e quatro anciãos que se encontram sentados no seu trono, diante de Deus, prostraram-se sobre o seu rosto e adoraram a Deus,
*[17] dizendo: "Graças Te damos, Senhor Deus, Todo-Poderoso, que és e que eras, porque **assumiste o Teu grande poder e passaste a reinar.***
[18] Na verdade, as nações se enfureceram; chegou, porém a Tua ira, e o tempo determinado para serem julgados os mortos, para se dar o galardão aos teus servos, os profetas, aos santos e aos que temem o Teu nome, tanto aos pequenos como aos grandes, e para destruíres os que destroem a terra".

Apocalipse 11.15-18 (ênfases acrescentadas)

O "Dia do Senhor" começa com os céus abertos. Esse advento é discutido em maiores detalhes no Capítulo 14.

Antes de concluirmos nossa explanação sobre o povo escolhido de Deus, será útil explicar os diferentes papéis que Deus atribuiu aos judeus e à Igreja. Cada grupo tem uma incumbência distinta, e trabalharemos juntos durante o Reino Milenar e por toda a eternidade. A seguir, apresentamos um quadro que compara os judeus e a Igreja e mostra o papel exercido por cada um deles.

COMPARAÇÃO ENTRE OS JUDEUS E A IGREJA

JUDEUS	IGREJA
Semente física de Abraão Gênesis 21.12	Semente espiritual de Abraão Gálatas 3.29
Buscam a justiça pelas obras Romanos 9.31-21	Recebem a justiça pela fé Romanos 10.9,10
Salvos como nação, na volta de Cristo Romanos 11.26,27; Zacarias 12.10	Salvos como indivíduos ao confessarem Jesus Romanos 10.9
Deus usou os judeus para salvar a Igreja Romanos 9.5	Deus usará a Igreja para salvar os judeus Romanos 10.19
Governarão e reinarão de Israel Salmo 89.3,4; 2 Samuel 7.12,13; Isaías 2.2-4	Governarão e reinarão da Jerusalém celestial Hebreus 12.22; Efésios 2.6; Filipenses 3.20

Irmão, o propósito deste capítulo é despertar em seu coração um profundo amor pelos judeus, o povo escolhido de Deus. Durante dois mil anos, os "cristãos" têm tentado matá-los ou convertê-los. Mas à medida que a Era da Igreja vai chegando ao fim, o Espírito Santo chama a Igreja para cumprir a ordem que Ele deu a todo o povo em Isaías 40.1,2. Sábio é o cristão que obedece a estas palavras:

> [1] *"Consolai, consolai o Meu povo, diz o vosso Deus.*
> [2] **Falai ao coração de Jerusalém,** *bradai-lhe..."*

> Isaías 40.1,2 (ênfase acrescentada)

A Igreja tem um futuro glorioso, como descrevemos no Capítulo 8. Israel também tem um futuro maravilhoso, como David Baron descreve tão enfaticamente:

A Missão da Igreja é evangelizar o mundo visando reunir indivíduos de todas as nações nas suas congregações, mas está reservado ao Israel restaurado e convertido, como nação, trazer *as nações* ao conhecimento de seu glorioso Messias e Rei, e trazer *bênção universal* ao mundo[19].
(ênfases acrescentadas)

Aqueles que desejam andar na vontade perfeita de Deus devem incluir o apoio aos judeus como Deus falou a Abraão há quatro mil anos.

> *³ Abençoarei os que te abençoarem e amaldiçoarei*
> *os que te amaldiçoarem; em ti serão benditas todas*
> *as famílias da terra.*

Gênesis 12.3

Amado leitor, se você é um cristão, virá o dia em que terá de comparecer perante o trono de julgamento de Cristo. Quando você olhar nos Seus olhos judeus, será capaz de dizer: Amei e servi aos Teus irmãos, os judeus?

> *⁴⁰ O Rei, respondendo, lhes dirá: "Em verdade*
> *vos afirmo que, sempre que o fizestes a um destes*
> **Meus pequeninos irmãos**, *a Mim o fizestes".*

Mateus 25.40

CAPÍTULO 13
A TRINDADE satânica

A trindade satânica, que se reúne durante o Período da Tribulação de sete anos, tem como propósito destituir Deus, dominar Jerusalém e governar o mundo. Assim como Deus é amor (1 João 4.7,8), esse trio maligno é o ódio encarnado. Embora trabalhem juntos, Satanás, o anticristo e o falso profeta são movidos pelo desejo egoísta de promoverem ganhos que beneficiarão a si mesmos. A cooperação mútua é motivada unicamente pelo amor aos seus próprios egos e por ódio pela humanidade. A maioria dos estudiosos da Bíblia tem sustentado tradicionalmente que a "trindade satânica" incluirá Satanás, o anticristo e o falso profeta.

satanás
(IMITADOR do Nosso pai CELestial)

Também chamado de dragão, enganador e acusador dos irmãos, Satanás caiu muito antes de Deus criar Adão (Ezequiel 28.13-17). Enganando Eva no Jardim do Éden, ele persuadiu nossos primeiros pais a lhe entregarem a sua autoridade e domínio sobre o planeta Terra (Felizmente, Jesus comprou de volta o nosso direito ao domínio através da Sua morte na cruz. Através da fé, tomamos de volta a nossa autoridade). Satanás e suas hostes não querem que o homem receba o dom gratuito da salvação pelo sangue de Jesus. Ao longo de toda a história da humanidade, eles se dedicaram a destruir a alma dos homens. Satanás está muito familiarizado com as profecias bíblicas e sabe que o seu fim está próximo. Ele está enfurecido porque em breve será preso no inferno (Apocalipse 20.2). Em um esforço para levar com ele tantas almas quantas for possível, Satanás fará um pacto com o anticristo para conquistar e enganar o mundo.

Muitos eruditos acreditam que ele oferecerá ao anticristo o mesmo tipo de acordo que usou para tentar persuadir Jesus.

> ⁵ *E, elevando-se, mostrou-lhe, num momento, todos os reinos do mundo.*
> ⁶ *Disse-lhe o diabo:* **Dar-te-ei toda esta autoridade** *e a glória destes reinos, porque ela me foi entregue, e a dou a quem eu quiser.*
> ⁷ *Portanto,* **se prostrado me adorares***, toda será tua.*

Lucas 4.5-7 (ênfases acrescentadas)

Jesus, naturalmente, **recusou** a oferta maligna. **O anticristo a aceitará.**

> ² *E deu-lhe (ao anticristo) o dragão o seu poder, o seu trono e grande autoridade.*

Apocalipse 13.2 (os parênteses são opinião da autora)

Durante a primeira metade do Período da Tribulação, Satanás destruirá as almas principalmente por meio de três veículos malignos: o paganismo, o Islamismo e a Igreja apóstata.

> **Ele (Satanás) está enfurecido porque em breve será preso no inferno.**

1. Paganismo – Este antigo sistema religioso, a adoração à natureza (panteísmo), tem sido praticado desde a antigüidade. O sol, a lua e os planetas eram adorados pelos homens primitivos. Hoje, o movimento "verde" novamente adora a natureza e eleva os animais ao *status* de seres humanos.

A antiga adoração pagã à mãe com seu filho foi fundada na era de Ninrode (Gênesis 11.4). Recentemente, um romance blasfemo de grande popularidade trombeteia o culto a divindades femininas. As seguintes divindades falsas, que constituíram o entulho da mitologia durante gerações, estão agora sendo reconstruídas na Europa póscristã como "divindades" reais, merecedoras de adoração.

Observe o quadro abaixo que ilustra a adoração "mãe e filho".

PAÍS	MÃE	FILHO
Babilônia	Semíramis	Tamuz
Egito	Ísis	Osíris
Assíria	Ishtar	Baco
Índia	Isi	Iswara
Grécia	Afrodite	Eros
Roma	Vênus	Cupido

2. Islamismo – É propósito declarado do Islamismo radical fundamentalista (tanto xiita quanto wahabi) conquistar o mundo para Alá. A ordem de Maomé quando estava à morte foi: "Lutem até que todos declarem que não há outro deus além de Alá, e que Maomé é o seu profeta". Os muçulmanos militarmente engajados acreditam que a lei da Sharia deve governar o planeta. Muitos islâmicos moderados, possivelmente a maioria, estatisticamente falando, não concordam com a lei da Sharia. Nos países ocidentais, vemos bravas mulheres muçulmanas manifestando-se contra ela.

A lei da Sharia inclui apedrejamentos, flagelos, amputação de mãos por roubo, proibição à agiotagem, limitações impostas às mulheres (precisam da permissão dos homens para receber educação, votar, casar, dirigir) e o direito do homem de ter até quatro esposas.

Um aspecto especialmente chocante da lei da Sharia são os "homicídios de honra". Se um muçulmano promete uma parenta sua a outro muçulmano em casamento, aquela mulher terá de obedecer, ainda que o noivo proposto já tenha diversas esposas. Caso ela se recuse a cumprir o acordo, o homem seu parente poderá assassiná-la brutalmente: é o chamado "homicídio de honra"[20].

Aqueles que não concordam com o Islamismo militante são executados por decapitação. À medida que ouvimos falar cada vez mais de decapitações no Oriente Médio, nossa sociedade tem ficado paralisada por tamanho horror. Enquanto o carrasco arranca a cabeça da vítima com sua espada, ele grita: "Alá akbar!". "Alá akbar" significa "Alá é maior (ou o maior)".

É uma comparação entre Alá e Jeová. Após o arrebatamento, parecerá, por algum tempo, que o Islamismo realmente venceu o Cristianismo.

3. A Igreja apóstata – Após o arrebatamento da Noiva de Cristo, a Igreja que permanecer cairá em total apostasia, segundo o apóstolo Paulo.

> *[1] Ora, o Espírito afirma expressamente que, nos últimos tempos, alguns apostatarão da fé, por obedecerem a espíritos enganadores e a ensinos de demônios.*

1 Timóteo 4.1

> *[3] Ninguém, de nenhum modo vos engane, porque isto não acontecerá (o Dia do Senhor, a ira de Jeová) sem que primeiro venha a apostasia e seja revelado o homem da iniqüidade, o filho da perdição (metade da Tribulação).*

2 Tessalonicenses 2.3
(os parênteses são interpretação da autora)

É altamente provável que a Igreja apóstata venha a ser controlada por um oficial eclesiástico de alto escalão que operará fora da capital italiana, Roma (vide Capítulo 11). A Igreja terá a aprovação tácita da União Européia para dar à população *"... uma forma de piedade, negando-lhe, entretanto, o poder"* (2 Timóteo 3.5). Os governantes europeus concordarão em dar "religião" às massas ("o ópio do povo", como Karl Marx a chamou). Na Europa de hoje, a maioria dos países possui uma Igreja estatal, fundada pelo governo. Os verdadeiros cristãos da Europa (inclusive os fundamentalistas, os pentecostais e os evangélicos) são rotulados como "seitas" e já estão sendo declarados ilegais em alguns países.

A era da Igreja apóstata durará apenas três anos e meio. Na metade da Tribulação, quando o anticristo assumir o poder na União Européia, ele exigirá que os dez reis destruam a Igreja apóstata (Apocalipse 17.16). Os reis farão isso para provar a sua lealdade, o preço exigido para serem co-governantes com o anticristo no reino do mundo unificado (Apocalipse 17.12,13).

Deus sempre terá um povo, porém, que não dobrará os joelhos diante de Satanás (Romanos 11.3,4). A Igreja subterrânea, conforme narrado na série de ficção <u>Deixados Para Trás</u>, trará uma poderosa colheita durante o Período da Tribulação (Apocalipse 6.9-11).

Na metade da Tribulação a Igreja apóstata será queimada, o Islamismo será considerado ilegal e o paganismo será banido. Uma nova religião emergirá, e todos serão obrigados a seguirem-na. Amado leitor, observe que as religiões mencionadas acima (Cristianismo apóstata, Islamismo e paganismo) têm uma coisa em comum: qualquer pessoa seduzida por elas pode escapar do julgamento se vier para Jesus.

É por isso que a religião que as substituirá será mil vezes mais maligna. Uma vez que uma pessoa aceite essa religião, a adoração ao anticristo, sua alma estará perdida para sempre.

[9] *Seguiu-se a estes outro anjo, o terceiro, dizendo, em grande voz:* **"Se alguém adora a besta e a sua imagem e recebe a sua marca na fronte ou sobre a mão,**

o anticristo
(imitador do nosso senhor jesus)

O anticristo, um líder militar islâmico originário da Síria, passou três anos e meio solidificando a sua base islâmica (vide página 69). Agora ele ocupa Jerusalém (Daniel 11.41) e conquista o Egito, a Líbia e a Etiópia (Daniel 11.42,43). Antes que possa destruir completamente os judeus, ele é distraído pela rebelião ao leste e ao norte, possivelmente na China e na Rússia (Daniel 11.44).

Em um dado momento, antes de ocupar Jerusalém, tem lugar um atentado contra sua vida, possivelmente uma bala atravessa seu olho direito (Tenha em mente que os profetas só podiam usar palavras que fizessem parte do seu vocabulário: águias para aviões, espadas para armas de fogo, carros para tanques etc.).

> [17] *Ai do pastor inútil, que abandona o rebanho!* **A espada lhe cairá sobre o braço, e sobre o olho direito;** *o braço, completamente se lhe secará, e o olho direito, de todo, se escurecerá.*

Zacarias 11.17 (ênfase acrescentada)

A vida do anticristo é salva pelo poder sobrenatural maligno. Seria possível que o falso profeta, cabeça da Igreja apóstata, lhe salvasse a vida? Quando o fôlego de vida do anticristo retorna, será esse o momento em que ele passa a

... ele foi possuído pelo mal... Apoliom.

ser possuído pelo príncipe demoníaco das trevas Apoliom (vide Capítulo 10)? Onde as Escrituras se calam, podemos apenas especular:

³ Então, vi uma de suas cabeças como golpeada de morte, mas essa ferida mortal foi curada; e toda a terra se maravilhou, seguindo a besta;

Apocalipse 13.3 (ênfase acrescentada)

⁴... e também adoraram a besta, dizendo: "Quem é semelhante à besta? Quem pode pelejar contra ela?"

Apocalipse 13.4

⁷ foi-lhe dado, também, que pelejasse contra os santos e os vencesse. Deu-se-lhe ainda autoridade sobre cada tribo, povo, língua e nação;
⁸ e adorá-la-ão todos os que habitam sobre a terra, aqueles cujos nomes não foram escritos no Livro da Vida do Cordeiro que foi morto desde a fundação do mundo.

Apocalipse 13.7,8

Está claro, segundo as Escrituras, que a recuperação notável do anticristo deu-lhe grande estatura aos olhos do mundo. A sua influência será sentida mundialmente (Daniel 8.24; 11.36). Assim como Hitler se apropriou das riquezas e das propriedades dos judeus na Segunda Guerra Mundial, o anticristo e seus seguidores confiscarão as riquezas daqueles que se opuserem ao seu controle. Um dos títulos do anticristo será "rei da Babilônia" (Isaías 14.4). A Babilônia fica no Iraque dos nossos dias. Observe que uma grande riqueza e comércio fluirão através do Iraque ao longo do Período da Tribulação.

³ pois todas as nações têm bebido do vinho do furor da sua prostituição. Com ela se prostituíram os reis da terra. Também os mercadores da terra se enriqueceram à custa da sua luxúria.

Apocalipse 18.3

[12] *mercadoria de ouro, de prata, de pedras preciosas, de pérolas, de linha finíssimo, de púrpura, de seda, de escarlata; e toda espécie de madeira odorífera, todo gênero de objeto de marfim, toda qualidade de móvel de madeira preciosíssima, de bronze, de ferro, e de mármore;*
[13] *e canela de cheiro, especiarias, incenso, ungüento, bálsamo, vinho, azeite, flor de farinha, trigo, gado e ovelhas; e de cavalos, de carros, de escravos, e* **até almas humanas.**

Apocalipse 18.12,13 (ênfase acrescentada)

o faLso pROFeta
(IMItaDOR do espíRIto santo)

Há muitos personagens que tipificam o falso profeta na História. O sumo sacerdote judeu Menelau ajudou o maligno Antíoco Epifânio na era dos macabeus. O maligno bispo alemão Ludwig Muller vendeu a alma por Hitler. Como bispo oficial do Reich, ele incentivou os indefesos cristãos alemães a seguirem Adolph Hitler.

Mas a figura mais clara do falso profeta pode ser vista em Balaão, o profeta do Antigo Testamento que foi impedido por Deus de amaldiçoar os judeus (Números capítulos 22 e 23). Mas Balaão obteve êxito em destruir os judeus; ele lhes ensinou a prática da imoralidade sexual.

Quatro características do falso profeta que podemos descobrir a partir do modelo de Balaão são:

1. Um dia ele havia sido um verdadeiro profeta de Deus (Números 24.2).
2. Ele despreza os judeus e os verdadeiros crentes (Judas 11).
3. Ele dá à Igreja apóstata permissão para pregar a imoralidade sexual não como algo depravado, mas como algo ordenado por Deus (Apocalipse 2.14).
4. Ele é movido pela ganância (2 Pedro 2.15).

Muitos eruditos acreditam que o falso profeta será o líder da Igreja apóstata. Quando vir que a Igreja será queimada durante a primeira metade da Tribulação, ele agradará ao anticristo, em um esforço para manter o poder. Ele receberá poder para realizar sinais e prodígios de engano (Apocalipse 13.13). E, como mencionado anteriormente, pode ser o instrumento para trazer o anticristo de volta à vida após ter ele sofrido uma ferida mortal em sua cabeça.

> **Ele recebe poder...**
> **para realizar sinais**
> **e maravilhas de engano.**

O falso profeta engana as massas por meio dos grandes sinais que executa, como ao fazer cair fogo do céu à terra (Apocalipse 13.13). É interessante observar que o anticristo o controla. **Ao falso profeta é permitido executar sinais somente quando está na presença da besta** (Apocalipse 13.14; 19.20).

O quadro a seguir ilustra alguns aspectos do papel do falso profeta que podemos conhecer com certeza.

CARACTERÍSTICAS DO FALSO PROFETA	REFERÊNCIA NO LIVRO DE APOCALIPSE
1. O mundo o vê como um "homem de Deus", um líder espiritual.	"... possuía dois chifres, parecendo cordeiro..." (13.11)
2. Seu poder vem de Satanás.	"... mas falava como dragão..." (13.11)

CARACTERÍSTICAS DO FALSO PROFETA	REFERÊNCIA NO LIVRO DE APOCALIPSE
3. Ele executa sinais e prodígios de engano.	"Seduz os que habitam sobre a terra por causa dos sinais que lhe foi dado executar diante da besta" (13.14)
5. Ele ordena aos homens (provavelmente cientistas) que façam uma imagem da besta.	"... dizendo aos que habitam s obre a terra que façam uma imagem à besta..." (13.14)
6. Ele utiliza sua autoridade moral para convencer o mundo de que a imagem é necessária.	"... lhe foi dado comunicar fôlego à imagem..." (13.15)
7. Ele ordena a morte daqueles que não adorarem a imagem.	"... como ainda fizesse morrer quantos não adorassem a imagem da besta" (13.15)
8. Suas ordens se estendem a toda a humanidade, em todo o mundo.	"A todos, os pequenos e os grandes, os ricos e os pobres, os livres e os escravos, faz que..." (13.16)
9. Ele "sela" a humanidade, e todos os que são selados estarão perdidos eternamente. [Contrasta com o profeta de Deus, que selou 144.000 para Jesus no início da Tribulação].	"... que lhes seja dada certa marca sobre a mão direita ou sobre a fronte" (13.16) [Vide Apocalipse 7.3,4]
10. Ele proíbe as pessoas não seladas de comprarem comida, roupas e casas, de terem empregos, de enviarem os filhos à escola ou de participarem de qualquer setor da sociedade.	"... ninguém possa comprar ou vender, senão aquele que tem a marca, ou o nome da besta ou o número do seu nome" (13.17)

O fim do jogo para o falso profeta e para o anticristo será o lago de fogo. Muitos os seguirão, indo para lá. Amado leitor, essa punição é eterna. Se você não tem certeza do destino final de sua alma, nós insistimos: não se arrisque. Vá até a pagina 180 deste livro, dobre seus joelhos diante de Jesus e peça-lhE que seja o Senhor da sua vida e o seu Salvador.

A IMAGEM da BESTA

O que ou quem é a imagem da besta? Muitas teorias foram criadas. Vamos começar com o que a Palavra de Deus registra:

1. A imagem representa de algum modo o anticristo. Aqueles que a adoram estarão honrando o anticristo (Apocalipse 14.9).

2. A imagem, também chamada de *"abominação desoladora"*, será colocada no Santo Lugar do Templo (Daniel 9.27 e Mateus 24.15).

3. A imagem é feita por homens, e sua criação é ordenada pelo falso profeta (Apocalipse 13.14).

4. Presume-se que a imagem nunca será mandada para o inferno ou para o lago de fogo. A Bíblia descreve o julgamento de Satanás (Apocalipse 20.2,3), do anticristo (Apocalipse 19.20) e do falso profeta (Apocalipse 19.20). Uma vez que a imagem da besta não é julgada na Bíblia, concluímos que, sendo feita por mãos humanas, ela deixa de existir.

Por que o Anticristo Desejaria que Fosse Criada uma Imagem?

Muitos eruditos acreditam que forças sobrenaturais malignas levantarão o anticristo depois que ele receber uma ferida mortal na cabeça, como já explicamos (Zacarias 11.17; Apocalipse 13.3,12,14). Ele desejará criar um reino que durará mil anos para simular o Reino Milenar de Jesus. Poderia esta ferida mortal fazer com que o anticristo contemplasse a sua própria mortalidade? Será que ele queria ter um herdeiro, mas um herdeiro criado à sua imagem somente, uma imagem que podia falar e ser adorada? (Apocalipse 13.15). Um filho natural, nascido de uma esposa, jamais seria aceitável. O anticristo considera as mulheres seres inferiores (Daniel 11.37).

O falso profeta lhe apresenta uma sugestão. "A ciência tem apresentado progressos, e poderíamos usar sua tecnologia. **Você poderia ser clonado!**"

O falso profeta ordena a criação da imagem:

> *14 Seduz os que habitam sobre a terra... dizendo aos que habitam sobre a terra que façam uma imagem à besta, àquela que, ferida à espada, sobreviveu.*

Apocalipse 13.14 (ênfase acrescentada)

A Palavra de Deus prossegue dizendo:

> *15 e lhe foi dado [poder para] comunicar fôlego à besta.*

Apocalipse 13.15, Versão King James

Na Nova Versão King James, a palavra "poder" está em itálico porque foi acrescentada a critério do tradutor. Eliminando-a, obtemos uma melhor compreensão desta passagem.

> *15 e lhe foi dado (ao falso profeta) comunicar fôlego à besta.*

Apocalipse 13.15, Versão King James
(os parênteses são interpretação da autora)

Isto poderia ser interpretado com o seguinte significado: Como "líder espiritual" de todo o mundo (Apocalipse 13.11) o falso profeta determina que é interesse da família humana que o anticristo tenha um sucessor. O anticristo é considerado um deus. Portanto, embora a clonagem humana seja repreensível para algumas pessoas, deve-se considerar o bem maior, que é garantir a linha de sucessão do anticristo. Como guru espiritual, o falso profeta tem "autoridade moral" para fazer esse tipo de ponderação.

À luz desta possível interpretação de Apocalipse 13, poderíamos também entender melhor uma passagem em 2 Tessalonicenses 2. Esta passagem é dirigida àqueles que rejeitaram o amor da verdade (Jesus) durante a Tribulação.

> *[11] É por este motivo, pois, que Deus lhes manda a operação do erro, para darem crédito à mentira.*

2 Tessalonicenses 2.11

Os estudiosos da Bíblia perguntaram: "Qual é a mentira?" Seria esta: **O anticristo é divino, assim como a sua imagem** (clone). Dificilmente se poderia convencer o mundo a adorar um holograma, um robô, ou um computador que fala. Mas se um bebê falasse, isso seria notável.

Assim como Dolly, a primeira ovelha clonada, chegou à maturidade em velocidade acelerada, **possivelmente esse clone do anticristo falará quando ainda bebê** (Apocalipse 13.15).

Segundo a lenda muçulmana, o Mahdi ("aquele que é aguardado"), que conhecemos como o

"... usar sua tecnologia... ser clonado!"

anticristo, estava plenamente desenvolvido aos seis anos e podia falar desde o ventre[21] (Na tradição muçulmana, ele nasceu no século IX e reaparecerá no fim dos tempos). Ver a imagem do anticristo, ou a criança clonada, falando ainda bebê, ajudaria a confirmar, aos olhos de muitos, que eles estariam realmente na presença de um ser superior. Para os que estivessem inclinados a enriquecer seguindo o anticristo de qualquer forma, seria fácil adorar esse bebê.

Vamos dar mais uma olhada em Apocalipse 13.15 na Versão King James:

> *¹⁵ e lhe foi dado comunicar **vida** à imagem da besta,*
> *para que não só **a imagem da besta falasse...***

Apocalipse 13.15 (ênfases acrescentadas)

Em Apocalipse 13.15, a Concordância de Strong define "vida" como *pneuma*, que significa respiração, fôlego, ou uma corrente de ar. **É a única vez no Novo Testamento que esta palavra é usada para vida.** A maioria das referências à palavra "vida" no Novo Testamento usa o termo grego *zoe*, que significa vida. Vida eterna é sempre relacionada a *zoe* eterna.

Para entender *pneuma*, de onde vem a nossa palavra pneumonia (infecção nos pulmões), usaremos uma analogia médica. Uma pessoa pode estar clinicamente morta, mas ainda respirar por meio de um respirador em uma unidade de tratamento intensivo. Uma corrente de ar sopra para dentro e para fora dos pulmões e o coração continua a bater. Em alguns casos, a vida *zoe* retorna e a pessoa abre os olhos e volta ao normal. Às vezes, essas pessoas dizem que estiveram "fora do corpo" por algum tempo, no céu ou no inferno.

O que podemos apreender do original grego é isto: A imagem da besta recebe capacidade para funcionar como um **ser que respira**. A palavra para "imagem" é a palavra grega *eikon* (Concordância de Strong), que significa semelhança. A palavra inglesa *icon* (ícone) é a transliteração de *eikon*. Sabemos que Jesus é *eikon* de Deus (2 Coríntios 4.4).

Seria possível que a besta (o anticristo), em seu desejo maligno de imitar Deus, permita que a comunidade científica desenvolva o seu clone, desejando ter um *eikon* de si mesmo? A imagem da besta será uma "semelhança que respira" da besta, de acordo com o texto grego.

No livro de R. Edwin Sherman, Bible Code Bomshell (A Revelação Bombástica do Código da Bíblia), ele discorre sobre um grupo de mensagens ocultas em Ezequiel 37. A essência desses códigos é claramente escatológica. Uma mensagem particularmente intrigante, que poderia fazer referência a uma imagem clonada da besta, diz o seguinte: **"O recém-nascido número um é um pai sem passado. O seu nome se derreterá como um engano"**[22].

Essa passagem poderia aludir a uma criança do sexo masculino sem linhagem natural. Se essa é a imagem da besta, ela realmente é um engano. Os que a adorarem perecerão. "Seu nome se derreterá..." poderia significar que, não sendo humana, ela deixará de existir após a Tribulação.

Como dito anteriormente, a Bíblia não menciona um julgamento para a imagem da besta. Segundo declarou o rabino Moshe Botschko, "Em minha opinião, uma criatura nascida por meio de duplicação genética não é considerada humana – está claro, sem dúvida nenhuma, que a forma de vida criada em uma instituição científica será um animal que anda sobre dois pés, e nada mais que isso"[23].

O espectro de tal bebê humanóide colocado no Lugar Santo do Templo é aterrorizante. Deus não teve parte nessa criação. Virão os homens adorar essa coisa profana e lhe trazer presentes? É algo terrível demais para se imaginar.

Ao encerrarmos esta seção *extremamente especulativa* do texto, admitimos que **não sabemos** o quê ou quem será a imagem da besta.

Estes são os fatos que sabemos serem verdadeiros:

1. A "abominação desoladora" original foi colocada no Santo dos Santos por Antíoco Epifânio. Era uma estátua de Zeus com o rosto esculpido para se parecer exatamente com Antíoco Epifânio.

2. Jesus é a imagem expressa do Pai.

3. Jesus afirmou que no fim dos tempos uma "abominação desoladora" seria colocada no Lugar Santo (Marcos 13.14). Esta poderia ser a imagem da besta.

4. O folclore judaico sempre incluiu a crença de que um homem santo (para eles, um rabi) teria poder para criar um humanóide sem a ajuda de Deus. Esse ser é chamado de "golem". O *best-seller* de Mary Shelley do século XIX, Frankenstein, baseia-se na crença judaica de que o homem poderia criar vida.

5. Uma vez que o homem foi criado à imagem de Deus, ele realmente possui capacidades extraordinárias. O próprio

Deus observou que o homem poderia fazer qualquer coisa que tentasse: *"... não haverá restrição para tudo o que (os homens) intentam fazer"* (Gênesis 11.6 – os parênteses são interpretação da autora).

6. Seja qual for a imagem da besta, a humanidade desejará adorá-la. Deus realmente envia anjos para serem vistos pelos homens, advertindo-os para que não os adorem (Apocalipse 14.9), **porque a adoração à imagem da besta faz com que a pessoa se perca para sempre**. O ponto principal desta seção do livro não é identificar a imagem da besta. É preciso advertir o leitor que estiver vivo durante o Período da Tribulação que adorar a imagem da besta será uma tentação real. Para ser considerado digno de passar a eternidade com Jesus, você precisa estar preparado para resistir ao culto a essa coisa profana, seja ela qual for, e seja qual for o poder que ela venha a exibir.

666: o número da humanidade

Inicio este assunto evocando a definição tradicional para a trindade satânica: Satanás, o anticristo e o falso profeta. Apresentarei agora ao leitor uma segunda visão da trindade satânica. Uma visão que ajudaria a explicar o significado do "666".

Apocalipse 13 apresenta três pessoas: o anticristo, o falso profeta e a imagem da besta. Este capítulo termina com o seguinte versículo enigmático:

> [18] *Aqui está a sabedoria. Aquele que tem entendimento calcule o número da besta, pois* ***é número de homem***. *Ora, esse número é seiscentos e sessenta e seis.*

Apocalipse 13.18 (ênfase acrescentada)

As palavras em negrito, acima, na verdade dizem, em grego: "É o número da humanidade"[24]. Ali está a explicação do número 666. Não é, como alguns supuseram, o número do homem. É o número da humanidade, uma trindade satânica totalmente humana.

A TRINDADE SATÂNICA

pai - anticristo
filho – imagem da besta
espírito satânico – falso profeta

Diversas passagens das Escrituras indicam que esta interpretação é precisa. O anticristo (a Bíblia **nunca** o chama de anticristo) não tenta imitar Jesus, ele tenta imitar o Pai.

> [3] ... *seja revelado o homem da iniqüidade, o filho da perdição,*
> [4] *o qual se opõe e se levanta contra tudo que se chama Deus ou é objeto de culto, a ponto de* **assentar-se no santuário de Deus, ostentando-se como se fosse o próprio Deus.**

2 Tessalonicenses 2.3,4 (ênfase acrescentada)

"Deus", nesta passagem, está no n° 23 da <u>Concordância de Strong</u>. A definição é *"Theo, a Divindade Suprema"*. Na verdade, toda vez que *Theo* é usado no Novo Testamento, o termo faz referência à primeira pessoa da Trindade.

E assim, declarando ser *Theo*, o anticristo está declarando ser o Deus Todo-Poderoso, a primeira pessoa da Trindade.

A segunda pessoa da trindade satânica é a imagem da besta. Devemos nos lembrar que a <u>Concordância de Strong</u> n° 1504 indica que o significado da imagem é *eikon*. Jesus é mencionado como o *eikon* do Pai muitas vezes no Novo Testamento (1 Coríntios 11.7; 2 Coríntios 4.4; Colossenses 1.15; Hebreus 1.3).

Teriam sido as palavras *"eikon* (imagem) da besta" colocadas nas Escrituras pelo Espírito Santo para nos dar uma pista? Jesus é a imagem expressa do Pai. Vamos analisar as palavras do próprio Jesus quando disse: *"... Quem me vê a Mim vê o Pai"* (João 14.9). Como um ser humano clonado, a imagem da besta é a imagem expressa do anticristo.

O rei Davi profetizou que um dia o homem desfaria todos os relacionamentos com Deus.

> [1] *Por que se enfurecem os gentios, e os povos imaginam coisas vãs?*
> [2] *Os reis da terra se levantam, e os príncipes conspiram contra o Senhor e contra o Seu Ungido, dizendo:*
> [3] **"Rompamos os Seus laços e sacudamos de nós as Suas algemas".**
>
> Salmo 2.1-3 (ênfase acrescentada)

Segundo Rashi, o grande rabi judeu do século XI, o cumprimento desse versículo precede imediatamente a vinda do Messias. Fontes cristãs concordam com essa interpretação.

O fato de que uma trindade totalmente humana já seja adorada por alguns no mundo árabe é assustador. Um subsistema controverso dos muçulmanos xiitas, os Nusaris, adoram um grupo de seres humanos mortos. O objeto da adoração deles é Ali, Maomé e Salman.

É possível que esse trio de seres humanos mortos adorados como deuses prenuncie uma futura religião mundial. Essa nova religião, representada pelo número 666, cultuará o anticristo, a imagem da besta e o falso profeta, três entes humanos. Essa trindade inteiramente humana só durará por três anos e meio.

Quando Adolph Hitler percebeu, em 1944, que perderia a Segunda Guerra Mundial, ele ordenou a destruição da Alemanha e de todos os territórios ocupados. Felizmente, a maioria dos seus generais ignorou as suas ordens.

Será que o anticristo ordenará a aniquilação do planeta Terra? A Bíblia diz que se Jesus atrasasse a Sua vinda, toda a humanidade seria destruída (Mateus 24.22).

Mas Jesus voltará precisamente, no momento certo. Quando o Pai lhe disser para fazê-lo, Jesus deixará o Seu trono à direita do Pai.

> *⁵ O Senhor, à tua direita,*
> *no dia da Sua ira, esmagará os reis.*
> *⁶ Ele julga entre as nações;*
> *enche-as de cadáveres; esmagará cabeças por toda*
> *a terra.*

Salmo 110.5,6

Relâmpagos iluminarão o céu – relâmpagos que começarão no Oriente e que depois continuarão a se propagar pelos céus até que cheguem ao Ocidente.

Os homens tremerão e estremecerão de medo. Muitos deverão sofrer ataques do coração. As mulheres começarão a gritar. A terra tremerá em convulsão. Bombas nucleares explodirão, dissolvendo a carne e os olhos dos homens. Pedras de granizo do tamanho de bolas de basquete serão arremessadas contra a terra. Então, haverá um barulho nos céus de arrebentar os tímpanos. Todos os olhos se voltarão para o firmamento...

Jesus voltará.

168

CAPÍTULO 14
MASHIACH BEN DAVID

O Messias, filho de Davi, surgirá no céu, cavalgando um cavalo branco, para punir os infiéis e salvar a humanidade da extinção (Mateus 24.22,30). O antigo profeta judeu, Enoque, descreveu a Sua vinda há cerca de 5.000 anos (Enoque foi o tatatatataraneto de Adão e o primeiro ser humano a ser arrebatado.) Judas também registra suas remotas palavras no Novo Testamento:

> *¹⁴ Quanto a estes foi que também profetizou Enoque, o sétimo depois de Adão, dizendo:* **Eis que vejo o Senhor entre Suas santas miríades,**
> **¹⁵ para exercer juízo contra todos e para fazer convictos todos os ímpios**, *acerca de todas as obras ímpias que impiamente praticaram e acerca de todas as palavras insolentes que ímpios pecadores proferiram contra ele.*

Judas 14,15 (ênfase acrescentada)

A crença básica do Judaísmo ortodoxo foi forjada por Maimônides no século X d.C.

"Tenho plena fé na vinda do Messias: e ainda que Ele demore, esperarei por Ele a cada dia."

O teor comovente da vinda do Messias, o principal acontecimento de toda a história humana, não pode ser descrito com exagero. Os judeus têm sido odiados e maltratados ao longo da história. O próprio Moisés profetizou que isso aconteceria (Deuteronômio 28.33). Quando já não houver motivos para se ter esperança, e a morte e a destruição estiverem por toda parte, o

Messias aparecerá do nada para salvar o Dia! A vinda do Messias em triunfo no fim dos tempos tem sido ensinada desde o princípio dos tempos (Gênesis 3.15). Analise, por um instante, estas palavras, cheias de fé, ditas por Jó, que pode ter sido contemporâneo de Abraão.

> ²⁵ **Porque eu sei que o meu Redentor vive e por fim se levantará sobre a terra.**
> ²⁶ *Depois, revestido este meu corpo da minha pele,* **em minha carne** *verei a Deus.*

Jó 19.25,26 (ênfase acrescentada)

Está óbvio nesta passagem que Jó compreendeu (provavelmente tendo sido passado pela tradição oral) que um dia ele teria um corpo glorificado. Jó receberá esse corpo glorificado no arrebatamento. Um corpo glorificado é um corpo de carne e osso, como o que Jesus tem.

> ³⁹ *Vede as Minhas mãos e os Meus pés, que Sou Eu mesmo; apalpai-Me e verificai, porque um espírito não tem carne nem ossos, como vedes que Eu tenho.*

Lucas 24.39

[Observe que ainda comeremos e beberemos quando tivermos corpos glorificados de "carne e osso". Mateus 26.29, Lucas 24.43 e João 21.15].

Paulo declarou que, finalmente, nossos corpos serão redimidos.

> ²² *Porque sabemos que toda a criação, a um só tempo, geme e suporta angústias até agora.*

*23 E não somente ela, mas também nós, que temos as primícias do Espírito, igualmente gememos em nosso íntimo, **aguardando a adoção de filhos, a redenção do nosso corpo.***

Romanos 8.22,23 (ênfase acrescentada)

João confirma esta gloriosa promessa:

*2 Amados, agora, somos filhos de Deus, e ainda não se manifestou o que haveremos de ser. Sabemos que, quando Ele se manifestar, **seremos semelhantes a Ele**, porque haveremos de vê-lo como Ele é.*

1 João 3.2 (ênfase acrescentada)

A redenção da Igreja e dos santos do Antigo Testamento virá sete anos antes da redenção dos judeus. Ah, aquele dia glorioso que em breve virá! Quando nossos corpos mortais "se vestirem" de imortalidade, estaremos

Não experimentaremos a morte!

para sempre com Jesus como os "santos dos últimos dias". Não experimentaremos a morte. Amado leitor, rejeitar esse testemunho impressionante é dizer: Prefiro viver o inferno na terra por sete anos do que partir em vitória e ser transformado à Sua imagem.

Ouça o que diz o grande apóstolo Paulo:

22 Se alguém não ama o Senhor, seja anátema. Maranata!

1 Coríntios 16.22

Deus mostrou ao deus pagão Nabucodonosor, em sonho, os poderes mundiais que reinarão durante o "tempo dos gentios" (vide págs. 54 e 102). Daniel, o profeta muito amado de Deus, recebeu a interpretação desse sonho. Observe que o último poder mundial a reinar são os dez reis (dez artelhos).

Os dez reis e o anticristo, seu líder, não são destruídos por seres humanos. Não, amado leitor, **a Igreja não vencerá o maligno**. O privilégio de derrotar o sistema mundial maligno está claramente delineado em Daniel 2.45.

> [34] Quando estavas olhando, **uma pedra foi cortada sem auxílio de mãos**, feriu a estátua nos pés de ferro e de barro e os esmiuçou.
>
> [42] Como os artelhos dos pés eram, em parte, de ferro, e, em parte, de barro, assim, por uma parte, o reino será forte, e, por outra, será frágil.
>
> [43] Quanto ao que viste do ferro misturado com barro de lodo, misturar-se-ão mediante casamento, mas não se ligarão um ao outro, assim como o ferro não se mistura com o barro.
>
> [44] **Mas, nos dias destes reis, o Deus do céu suscitará um reino que não será jamais destruído;** este reino não passará a outro povo; esmiuçará e consumirá todos estes reinos, mas ele mesmo subsistirá para sempre,
>
> [45] como viste que do monte **foi cortada uma pedra, sem auxílio de mãos, e ela esmiuçou o ferro, o bronze, o barro, e prata e o ouro**. O Grande Deus fez saber ao rei o que há de ser futuramente. Certo é o sonho, e fiel a sua interpretação.
>
> Daniel 2.34,42-45 (ênfases acrescentadas)

Então fazemos a seguinte pergunta: Quem é a pedra que destrói o sistema mundial maligno? O próprio Jesus é a pedra.

> [17] *Mas Jesus, fitando-os, disse: "Que quer dizer, pois, o que está escrito:* **'A pedra que os construtores rejeitaram, esta veio a ser a principal pedra, angular'?**
> [18] *Todo o que cair sobre esta pedra ficará em pedaços; e aquele sobre quem ela cair ficará reduzido a pó".*

Lucas 20.17.18 (ênfase acrescentada)

Recordamos que Satanás governou o mundo durante os sete reinos desta era (Egito, Assíria, Babilônia, Medo-Pérsia, Grécia, Roma e Roma Restaurada). Sete é o número da perfeição (sete dias da semana, sete notas da escala musical, sete mil anos da história humana). Depois que os sete reinos tiverem completado finalmente o seu ciclo, o anticristo assumirá o controle na metade da Tribulação, no princípio do Dia do Senhor. **O reino do anticristo é o oitavo reino** (Apocalipse 17.11). Oito é o número dos "novos começos". O anticristo pensará estar estabelecendo um reino de mil anos.

Observe que os acontecimentos dessa era de três anos e meio estão bem registrados, tanto no Antigo Testamento quanto no Novo. **É Jesus, e somente Jesus quem derrotará o anticristo e o sistema mundial.**

	Antigo Testamento	Novo Testamento
O ANTICRISTO DOMINA JERUSALÉM	"... o povo de um príncipe que há de vir destruirá a cidade e o santuário..." Daniel 9.26	"e o seu cadáver ficará estirado na praça da grande cidade que, espiritualmente, se chama Sodoma e Egito, onde também o seu Senhor foi crucificado." Apocalipse 11.8
O ANTICRISTO DECLARA QUE ELE É DEUS	"Este... se exaltará e se engrandecerá sobre todo deus..." Daniel 11.36	"... a ponto de assentar-se no santuário de Deus, ostentando-se como se fosse o próprio Deus." 2 Tessalonicenses 2.4
MIGUEL VIRÁ AJUDAR	"Nesse tempo, se levantará Miguel, o grande príncipe, o defensor dos filhos do Teu povo..." Daniel 12.1	"Houve peleja no céu. Miguel e os seus anjos pelejaram contra o dragão..." Apocalipse 12.7
JEOVÁ DÁ A JESUS O DOMÍNIO	"... um como o Filho do Homem... Foi-lhe dado domínio, e glória, e o reino..." Daniel 7.13,14	"O reino deste mundo se tornou de nosso Senhor e do Seu Cristo, e Ele reinará pelos séculos dos séculos." Apocalipse 11.15
JESUS LANÇA A FOICE	"Lançai a foice, porque está madura a seara; vinde, pisai..." Joel 3.13	"... sentado sobre a nuvem um semelhante a filho de homem... e na mão uma foice afiada." Apocalipse 14.14
JESUS PISA O LAGAR	"O lagar, Eu o pisei sozinho..." Isaías 63.3	"e, pessoalmente, pisa o lagar do vinho do furor da ira do Deus Todo-Poderoso." Apocalipse 19.15b
AS VESTES DE JESUS ESTÃO ENSANGÜENTADAS	"e o Seu sangue me salpicou as vestes..." Isaías 63.3	"Está vestido com um manto tinto de sangue..." Apocalipse 19.13
JESUS AGE SOZINHO	"Olhei, e não havia quem me ajudasse... e o Meu furor me susteve." Isaías 63.5	"... e julga e peleja com justiça." Apocalipse 19.11

	Antigo Testamento	Novo Testamento
JESUS É SENHOR	"O Senhor será Rei sobre toda a terra." Zacarias 14.9	"na Sua coxa um nome inscrito: REI DOS REIS E SENHOR DOS SENHORES." Apocalipse 19.16

Devemos lembrar que foi Adão, o primeiro judeu, que caiu em pecado. Deus prometeu a Adão e Eva que Ele enviaria a Sua santa semente para redimir a humanidade (Gênesis 3.15). Durante seis mil anos, Satanás tem tentado destruir os judeus e abortar o plano de Deus. Satanás sabia que se ele tivesse êxito em aniquilar os judeus, o Messias jamais viria. Os sucessivos agentes de Satanás que tentaram destruir os judeus incluem: os egípcios, os amalequitas, Nabucodonosor, Hamã, Antíoco Epifânio, os romanos, os cruzados, a Inquisição Espanhola, os massacres russos, o Terceiro Reich, os terroristas islâmicos, e, muito em breve, o anticristo.

Em alguns círculos judaicos, José, o filho favorito de Jacó, é considerado o "Messias sofredor". Ele é na verdade um tipo do Messias dos últimos dias. Analise esses fatos: ele foi rejeitado pelos seus, vendido por vinte moedas de prata, sofreu injustamente e recusou-se a pecar (com a mulher de Potifar). Quando os irmãos de José finalmente se voltaram para ele pedindo ajuda (durante a fome), eles clamaram por misericórdia. José prontamente os perdoou, os abraçou, os alimentou e lhes deu a melhor terra do Egito. Todos aqueles acontecimentos na vida de José prenunciam o papel de Jesus com os Seus próprios irmãos, os judeus. Quando toda esperança parecer estar perdida, Jesus salvará o dia!

O clímax deste livro é o clímax da história da humanidade. Esses acontecimentos estão todos bem representados no Novo Testamento. No entanto, decidi evocar a vinda de Mashiach ben David, o Messias filho de Davi, fazendo uso das palavras dos antigos profetas judeus. Isso é o mínimo que posso fazer para honrar aqueles que sofreram tanto por tanto tempo. Esta é, afinal, a história deles; e esta é, afinal, a vitória deles.

o ςLímαx dα hιstóRια hυmαnα

Eis que vem o dia do Senhor, em que os teus despojos se repartirão no meio de ti. Porque eu ajuntarei todas as nações para a peleja contra Jerusalém; e a cidade será tomada, e as casas serão saqueadas, e as mulheres, forçadas. Dizem (as nações): "Vinde, risquemo-los de entre as nações; e não haja mais memória do nome de Israel".

Então, sairá o Senhor e pelejará contra essas nações. Naquele dia o Senhor defenderá os habitantes de Jerusalém; Naquele dia eu (o Messias) buscarei destruir todas as nações que se levantarem contra Jerusalém.

Que formosos são sobre os montes os pés do que anuncia as boas novas. Naquele dia estarão os seus pés sobre o monte das Oliveiras, que está defronte de Jerusalém para o oriente. Sim, pranteá-lo-ão como quem pranteia por um unigênito e chorarão por ele como se chora amargamente pelo primogênito.

O Senhor brama de Sião e se fará ouvir de Jerusalém, e os céus e a terra tremerão; mas o Senhor será o refúgio do seu povo. Sabereis, assim, que eu sou o Senhor, vosso Deus, que habito em Sião, meu santo monte.

Zacarias 14.1,2; Salmos 83.4; Zacarias 14.3; Isaías 52.7; Zacarias 14.4; Zacarias 12.10; Joel 3.16,17.

O DESFECHO

Na metade da Tribulação, Satanás e seus algozes são lançados à terra. Miguel e seus anjos fazem guerra contra Satanás. Foi necessário tempo. Foi necessária uma guerra. O poder de Jesus é infinitamente maior que o poder dos anjos. Observe com que facilidade Jesus prevalece contra o anticristo.

*⁸ então, será de fato, revelado o iníquo, **a quem
o Senhor matará com o sopro da Sua
boca, e o destruirá pela manifestação de
Sua vinda.***

2 Tessalonicenses 2.8 (ênfase acrescentada)

O outrora poderoso anticristo, agora totalmente impotente, é facilmente despachado para o lago de fogo junto com o falso profeta.

*²⁰ Mas a besta foi aprisionada, e com ela o falso
profeta que, com os sinais feitos diante dela,
seduziu aqueles que receberam a marca da besta e
eram os adoradores da sua imagem. Os dois foram
lançados vivos dentro do lago de fogo que arde com
enxofre.*

Apocalipse 19.20

Embora alguns autores usem os termos "inferno" (abismo) e "lago de fogo" alternadamente, está claro, segundo o Apocalipse, que o inferno é um tanque de espera, por assim dizer, até que a pessoa receba o seu julgamento. Lembramos que a "morte e o inferno" representam um local e também dois espíritos malignos (pág. 77).

O fim do jogo para os espíritos "morte e inferno" é o lago de fogo.

*¹⁴ Então, a morte e o inferno foram lançados para
dentro do lago de fogo. Esta é a segunda morte, o
lago de fogo.*

Apocalipse 20.14

Do mesmo modo, o fim do jogo para as pessoas não salvas é o lago de fogo [As almas dessas pessoas estão atualmente no inferno, esperando para serem reunidas a seus corpos (Apocalipse 20.13)].

*15 E se alguém não foi achado inscrito no Livro da
Vida, esse foi lançado para dentro do lago de fogo.*

Apocalipse 20.15

Satanás não se unirá à dupla maligna por mil anos. Ele vai para o abismo (inferno) e ficará esperando até que o Milênio seja concluído.

*2 Ele segurou o dragão, a antiga serpente, que é o
diabo, Satanás, e o prendeu por mil anos;
3 e lançou-o no abismo, fechou-o e pôs selo sobre
ele, para que não mais enganasse as nações até se
completarem os mil anos. **Depois disto, é
necessário que ele seja solto pouco
tempo.***

Apocalipse 20.2,3

Há tantas coisas mais a serem ditas. O Reino Milenar é apenas o começo. O leão se deitará com o cordeiro e os homens não mais ouvirão sobre guerras. E o que mais?

Uma outra guerra, de Gogue e Magogue, é mencionada em Apocalipse 20.8. Virá o tempo em que a terra deverá ser purificada pelo fogo. Quando as pessoas deixarão de morrer? Quando o próprio Pai habitará com o Seu povo?

> **O fim do jogo para
> as pessoas não salvas
> é o lago de fogo.**

O que Jesus orou deve se cumprir literalmente.

*10 ... faça-se a Tua vontade, assim na terra como
no céu.*

Mateus 6.10

Jesus não pode estar fazendo referência ao Reino Milenar, uma vez que durante esse tempo ainda haverá algum pecado na terra.

Não, Jesus está falando da eternidade, que será a primeira vez, desde o tempo de Adão, em que a vontade de Deus será perfeitamente realizada na terra.

Antes que a eternidade comece, os pecadores deverão comparecer perante Deus no Grande Trono Branco do Julgamento. Eles deverão então passar pela "segunda morte".

O propósito principal de todo cristão comprometido, em todo o mundo, em todas as eras, é sempre o mesmo: levar as boas novas de Jesus Cristo às nações. As boas novas são estas: Você não precisa comparecer diante do Grande Trono Branco do Julgamento – você pode confessar a Jesus para escapar do julgamento chamado "lago de fogo".

estas são as Boas Novas

A Igreja será levada aos céus e Jesus quer que você seja um dos que escaparão (vide págs. 66 e 67). Ser um membro da Igreja de Jesus Cristo não é determinado pela denominação à qual você pertence, ou pelo local onde se encontra a Igreja que você freqüenta. O que determina se você é um membro da Igreja de Cristo, ou do Seu Corpo, é a intenção do seu coração, que somente Deus pode ver. Se você não tem certeza de sua situação pessoal em relação a Deus, faça esta oração com uma convicção sincera.

Pai Celestial, sei que sou um pecador. Embora eu tenha falhado e me afastado da Tua glória por tantas vezes, realmente acredito que Jesus morreu na cruz para que eu _____(declare o seu nome) pudesse ter salvação eterna.

Jesus, eu Te agradeço por morrer na cruz por mim. Eu Te convido agora a entrar em meu coração, a assumir o controle da minha vida e a mostrar-me a Tua vontade para a minha vida. Enche-me com o Teu Santo Espírito e capacita-me a fazer a Tua vontade. Amém.

Se você fez esta oração, por favor, escreva-me e eu lhe enviarei uma cópia do Novo Testamento e algumas sugestões sobre como dar início à sua nova vida como filho de Deus.

Anne T. Garcia
P.O. Box 494
Columbia, IL 62236

Acesse o site
www.fromthehidden.com

epíLogo

Quando o grande apóstolo Paulo visitou o céu, ele viu coisas *"... que não é lícito ao homem referir"* (2 Coríntios 12.4). Desde os dias de Paulo, muitas outras pessoas visitaram o céu e depois voltaram aos seus corpos mortais. Estudando as obras dessas pessoas, podemos ter um vislumbre da nossa vida futura. O propósito do meu próximo livro é investigar qual será a nossa função no Milênio, e na eternidade.

Apokalypsis, O Mistério que Estava Oculto sempre pretendeu ser uma trilogia. A Parte 1 explica a guerra de Ezequiel e os quatro cavaleiros do Apocalipse. A Parte 2 relata os acontecimentos trágicos e empolgantes da Tribulação, culminando com o clímax do plano de Deus. A volta do nosso Senhor e Salvador Jesus Cristo, para governar e reinar sobre Israel por mil anos, é o ponto central da história da humanidade.

A terceira e última parte deste livro – "Realmente Seremos... Felizes Para Sempre" – já está sendo pesquisada.

Ela explorará como serão as nossas vidas no céu. Viveremos em mansões; teremos empregos. Seremos sempre felizes. Precisamos compreender estes conceitos e nos agarrarmos a eles.

Meu filho mais novo costumava perguntar-me, quando era muito pequeno: "Mamãe, como podemos durar para sempre? Quer dizer... para sempre?! Como é possível?" Eu sempre respondia do mesmo jeito (Eu não disse a ele que somos espíritos e que espíritos não deixam de existir. Ele era muito pequeno para entender esse conceito). "Filho", eu respondia, "pense nas coisas de outro modo. E se fôssemos ter um fim? Como poderíamos ser felizes sabendo que só temos um milhão de anos para viver, e depois, mil anos, e então, finalmente, só mais um ano para viver? Como eu poderia ser feliz sabendo que algum dia não estaria mais com você?"

Creio que é por isso que sempre gostei do hino "Amazing Grace" (Maravilhosa Graça). Será que alguém algum dia expressou isso melhor?

> "Quando tivermos estado lá por dez mil anos,
> Brilhando tão forte como o sol,
> Não teremos menos dias para cantar os louvores de Deus
> Do que quando começamos."

Há vários meses, ouvi o Senhor dizer estas palavras: "Todos no convés!" Existem duas circunstâncias nas quais é necessário que o capitão ordene que todos se dirijam ao convés: uma tempestade violenta ou um ataque inimigo. Quando o Senhor falou comigo, creio que Ele se referia a ambas.

Acredito que Ele estava dizendo que precisa de todo cristão, nesta hora, para trazer a colheita. Precisamos ser diligentes para trazermos os perdidos, no curto tempo que nos resta. Portanto, amado leitor, persevere! *"Não se desviará a ira do Senhor, até que Ele execute e cumpra os desígnios do Seu coração"* (Jeremias 23.20). Enquanto cumprirmos o nosso papel na história e executarmos o nosso chamado, *então entenderemos claramente.*

Notas

[1] Jeffrey Satinover, M.D., Cracking the Bible Code, Harper Collins Publishers, Inc., New York, New York, 1998, págs. 273, 275.

[2] Kenneth Copeland, Living at the End of Time – A Time of Supernatural Increase. Kenneth Copeland Publications, 1997, 1998, págs. 20, 21, 22.

[3] Dr. Billye Brim, "The Glory Watch", pág. 13, Primavera 2002, A Glorious Church Fellowship, Branson, Missouri.

[4] David Baron, Zechariah, A Commentary on His Visions and Prophecies, reimpressão, Kregel Publications, Grand Rapids, Michigan, 1956, pág. 327.

[5] Ibid, pág. 327.

[6] Belleville News Democrat, "Divisions in Islam rooted in actions of followers after death of Mohammed", domingo, 23 de março de 2003, pág. 7A, Belleville, Illinois.

[7] Op cit Baron, pág. 22.

[8] Ibid Baron, pág. 23, ênfase acrescentada.

[9] Ibid págs. 182, 183.

[10] Ibid, pág. 176.

[11] Ibid, pág. 179.

[12] Belleville News Democrat, "Purported Al Qaida message warns of attacks", pág. 5A, 8 de junho de 2004, Belleville, Illinois.

[13] Belleville News Democrat, "EU takes over policing of area", pág. 5A, 2 de janeiro de 2003, Belleville, Illinois.

[14] News Max com. Wires, www.newsmax.com/archives/articles/2003/5/27

[15] Senator Bill Frist, entrevistado por Tony Snow, "Fox News Sunday with Tony Snow", Domingo, 25 de maio de 2003.

[16] Dr. Byllie Brim, "The Glory of Watch", página 8, Primavera 2004, A Glorious Church Fellowship, Branson, Missouri.

[17] David Baron, Types, Psalms, and Prophecies, reimpressão, Keren Ahvat Meshihit, 91103 Jerusalém, Israel, pág. 23.

[18] David Baron, Zechariah, A Commentary on His Visions and Prophecies, op cit, pág. 18 183.

[19] David Baron, Israel in the Plan of God, reimpressão, Kregel Publications, Grand Rapids, Michigan, 49501, pág. 283.

[20] Daily Mail Newspaper, "Sisters Kidnapped", 19 de outubro de 2004, pag. 17, Londres, Inglaterra.

[21] "Muhammad al Mahdi", Encyclopedia of the Orient, lexicorient.com, pág. 1.

[22] R. Edwin Sherman, Bible Code Bombshell, New Leaf Press, Green Forest, AR 72638, pág. 133.

[23] Shahar Ilan, "Does a clone have a soul?"/Haaretz.com, Sábado, 6 de agosto de 2005, pág. 1.

24 Perry Stone, Unlocking the Book of Revelation, Voice of Evangelism, Cleveland, Tennessee, 2000, pág. 53.

www.ingramcontent.com/pod-product-compliance
Lightning Source LLC
Chambersburg PA
CBHW031844090426
42741CB00005B/341